AF349282

FILOSÍNTESIS

SANTIAGO BERUETE

FILOSÍNTESIS

*ESPIRITUALIDAD Y FILOSOFÍA
DESDE EL JARDÍN*

Ilustraciones de
MARÍA CECILIA BOTERO

taurus

El breve escrito que sostienes en las manos
pretende ser un manual de supervivencia
filosófica para estos atropellados tiempos
de penuria lectora, donde muchos y
sugerentes intereses compiten por nuestra
dispersa atención. Me gusta imaginar este
libro como una *guía de perplejos* del siglo XXI,
o también como un *oráculo manual*, que
ofrece más preguntas que respuestas, pero
sobre todo como un caleidoscopio. Estas
páginas invitan a pensar de manera
creativa, asociando ideas en apariencia
alejadas, al tiempo que celebran la
dimensión espiritual de la naturaleza.
Están dedicadas a todos esos jardineros
que, con o sin tierra, procuran cuidar
y embellecer su rincón del mundo.

SILVA DE VARIA LECCIÓN

NO HAY CULTURA SIN NATURA

O DE LA

JARDINOSOFÍA

«Toda criatura depende de otra, todos los seres están unidos entre sí, se necesitan, se complementan y, gracias a ello, la creación se fortalece».[1]

HILDEGARDA DE BINGEN,
LIBRO DE LAS OBRAS DIVINAS

«Cada porción de materia puede ser concebida como un jardín lleno de plantas y como un estanque lleno de peces. Pero cada rama de la planta, cada miembro del animal, cada gota de sus humores es, a su vez, un jardín o un estanque igual que los primeros».[2]

GOTTFRIED W. LEIBNIZ,
DISCURSO DE METAFÍSICA

«Gaia es simplemente la simbiosis vista desde el espacio. Todos los organismos se tocan, puesto que están bañados por el mismo aire y la misma agua que fluye».[3]

LYNN MARGULIS,
PLANETA SIMBIÓTICO

1

Todas las formas de vida están emparentadas genéticamente y entramadas simbióticamente, y sostienen un incesante diálogo las unas con las otras del que nunca podemos decir que sabemos suficiente. Padecemos una sordera emocional que nos impide percibir las voces de los pobladores no humanos del planeta. Esa pérdida auditiva nos priva de la capacidad de escuchar la «Gran Conversación» que mantienen los otros vivientes de este jardín planetario en el que surcamos la oscura inmensidad del cosmos.

2

La revolución pendiente, tanto en el campo de las ciencias como en el de las letras, pasa por emanciparnos progresivamente del ángulo de visión humano. Necesitamos abandonar la arrogante creencia de que somos los únicos organismos inteligentes del planeta y avanzar hacia una cosmovisión biocéntrica, donde la singularidad del sapiens estribe en saberse conectado con todo, y su racionalidad se manifieste en la conciencia de su «relacionalidad».

3

Tras el polimorfismo y la diversidad de los seres se encubre la unidad esencial de todo lo viviente. Personas, animales, plantas, bacterias, hongos, algas y demás criaturas compartimos el código genético y los mismos átomos. Únicamente si ese sentimiento de comunidad planetaria prevalece sobre las mil y una formas de tribalismo, lograremos revertir la catástrofe climática en marcha y desviar el rumbo suicida de la sociedad tecnocapitalista.

4

La noción de un yo soberano, autónomo e
independiente sigue siendo una de las más tenaces
fantasías de la cultura moderna. Algo que contrasta
vivamente con la visión de la naturaleza como una red
simbiótica, sin centro de mando ni límites definidos,
como una malla de interdependencias. La pervivencia
del mito de la individualidad autosuficiente explica que
asistamos impávidos a la devastación de la biosfera, de
la que formamos parte y dependemos para sobrevivir.

5

La sola idea de que, en un puñado de tierra, haya mil
millones de microorganismos pasma y sobrecoge.
Esa cifra escapa a nuestra comprensión, no menos que
el incalculable número de células que componen nuestro
cuerpo. Otro tanto cabría decir de las neuronas
conectadas en red de nuestro cerebro. Se cuentan
asimismo por miles de millones las bacterias que
prosperan sobre nuestra piel y las que constituyen
nuestro microbioma intestinal. Resulta difícil distinguir
dónde empieza y acaba mi «yo». Mi individualidad se
difumina cuando pienso que en mi cuerpo hay más
células microbianas que propiamente humanas.
Y tanto las unas como las otras se hallan en un
permanente proceso de renovación, lo que compromete,
si cabe aún más, mi principio de identidad.

6

La complejidad y profusión de la vida excede la
capacidad de nuestra imaginación. Más allá de los
límites de nuestra sensibilidad ordinaria se extiende una
realidad desconocida. Esos remotos universos que no

podemos percibir a simple vista, oído, olfato, tacto o
gusto, nos envuelven. Si no permaneciéramos ciegos
a gran parte de cuanto acontece a nuestro alrededor
y dentro de nosotros mismos, veríamos el mundo tal y
como es: infinito, maravillosa y misteriosamente infinito.

7

Una película bacteriana recubre nuestro ser, tanto por
dentro como por fuera. Sorprende saber que
transportamos con nosotros cerca de dos kilos de
microorganismos de más de 10.000 especies diferentes,
un peso mil veces superior al que se atribuye al alma.
Se calcula que en nuestra carne mortal hay tantos o
más microbios que células humanas propiamente
dichas. Nuestro destino está escrito en nuestra biota.
Esta constituye una seña de identidad tan definitoria
como las huellas dactilares o la forma de nuestro iris.
Visto así, la comprensión de qué significa ser humano
cambia. La conclusión parece evidente: yo soy *otros*.

8

Sabernos emparentados genéticamente con todo lo
viviente nos debería servir de cura de humildad y
prevenirnos contra la perniciosa arrogancia de sentirnos
superiores. El compartir el ADN con los otros habitantes
del planeta nos arraiga y religa, pero también comporta
una gran responsabilidad. Debemos extraer de esta
evidencia científica una lección espiritual tan consoladora
como exigente: porque no estamos solos en este mundo,
estamos obligados a cuidar de los que nos cuidan.

9

El nuevo paradigma biocéntrico, holístico, ecosistémico
—llamadlo como queráis—, se vale de metáforas

vegetales, en vez de animales, para definir la condición humana y replantear nuestro lugar en la biosfera. Más que primates sociales con grandes cerebros, los sapiens son superorganismos, holobiontes o metabiomas, es decir, una comunidad *simbiótica* de la que forman parte miles de especies bacterianas. Desde esta perspectiva, todos somos más que un individuo (un ecosistema) y menos que un individuo (procesos encarnados). El salto cuántico, la revolución copernicana y el giro de guion que supone vernos como una multitud integrada, en vez de como máquinas biológicas regidas por genes egoístas, lo cambia todo y para siempre. No se equivocaba Walt Whitman cuando escribió en su torrencial poema *Hojas de hierba*: «Yo soy inmenso y contengo multitudes».

10

Aun cuando tenemos un cerebro tres veces mayor que el que correspondería a un primate de nuestro tamaño, ese kilo y medio de materia gris en forma de media nuez encierra vestigios de nuestro pasado reptiliano e invertebrado. En las profundidades de nuestro ser continuamos siendo plantas, hongos, algas, bacterias… Si ignoramos esto, jamás nos reconciliaremos con nuestra naturaleza. Somos los lejanos descendientes de organismos unicelulares que vivieron hace 1.500 millones de años.

11

Acaso porque, como una gran mayoría de animales, tenemos una espina dorsal y cuerpos bilateralmente simétricos, acostumbramos a argumentar mediante dualismos, dicotomías y oposiciones: razón y emoción, inmanente y trascendente, cultura y natura… Ese razonamiento binario, heredero de una visión antropocéntrica, que nos ha permitido pensar el mundo hasta ahora, ya no nos sirve para transitar el camino hacia un porvenir deseable.

12

Toda la sabiduría jardinera está contenida en el viejo aforismo «la cerca hace al jardín». La noción de límite constituye asimismo el principio rector del pensamiento ecológico. Si se pudiera resumir su ideario en una sola frase, esta podría ser «el jardín terráqueo posee unas barreras biofísicas que impugnan el dogma del crecimiento indefinido». No nos cansaremos de repetir que nuestro futuro se halla limitado por la ausencia de límites al crecimiento industrial.

13

Nuestra sociedad necesita contarse un relato diferente al de la acumulación de la riqueza y el consumismo individualista, que nos permita seguir creyendo que un mundo mejor es posible y nos anime a sacrificarnos en aras de alcanzar un estado duradero de justicia y razón. Únicamente una cosmovisión biocéntrica, que aúne las enseñanzas de hoja perenne de la filosofía, la fe en la duda de la ciencia y los consuelos espirituales de la religión puede resolver eso que se ha dado en llamar «la crisis del relato» y permitirnos alentar esperanzas razonables.

14

Como grupo y como individuos, debemos aspirar a algo más que la sostenibilidad: a la plenitud. Para decirlo más claramente, hemos de renunciar a parte del crecimiento material en aras de un crecimiento espiritual, y sustituir la lógica de la maximización de beneficios por la del aumento de la satisfacción y el significado. No necesitamos muchas experiencias, sino que estas sean *significativas* para tener una vida rica.

15

La manera en que muchas civilizaciones ancestrales y pueblos indígenas conciben la relación con la naturaleza en general, y las plantas en particular, difiere tanto de la nuestra, que no acabamos de entender su veneración por ellas. Tendemos a juzgarla una expresión del pensamiento mágico infantil, en vez de un indicio de nuestra estrechez de miras y de nuestra primitiva forma de interactuar con los otros habitantes no humanos del jardín terrestre. Nuestra cosmovisión está profundamente lastrada por prejuicios que ignoramos tener, heredados de una mirada antropocéntrica, materialista y desalmada en un sentido literal y figurado. Hasta que no restauremos la alianza con la Tierra y pongamos fin a la disociación entre natura y cultura, no podremos llamarnos con propiedad sapiens, es decir, monos sabios.

16

La creencia de que la tierra y sus habitantes están unidos por un vínculo indisoluble y sagrado forma parte esencial de muchas de las culturas nativas, que aún sobreviven a lo largo y ancho del planeta. La sabiduría ancestral indígena entendía algo que nosotros parecemos haber olvidado: no estamos solos. Hemos roto los lazos emocionales que nos unían a las plantas y los animales, y nos hemos condenado a una soledad más profunda que la de estar solos.

17

Es muy revelador el hecho de que, con su docta ignorancia, las sociedades supuestamente avanzadas hayan tenido que acuñar un neologismo como *biofilia* para explicarse algo que ya sabían los antiguos filósofos y las civilizaciones ancestrales: la naturaleza es sagrada.

18

Sirva esta nota a pie de página de la historia de la jardinería como ejemplo del eurocentrismo que aún lastra nuestra concepción del mundo. La crónica jamás contada de los jardines botánicos comienza cuando los conquistadores españoles desembarcaron en las ignotas tierras del Nuevo Mundo. Los aguerridos adelantados de la Corona española se sorprendieron de los amplios conocimientos de botánica y horticultura de los mexicas y otras civilizaciones precolombinas. Sucumbieron al embrujo de los jardines reales de Tenochtitlan (actual Ciudad de México y capital del imperio azteca) y Texcoco, y al de las villas de recreo de los señores de Iztapalapan y Huaxtépec. Así describía Hernán Cortés en 1521 este último paraíso terrenal allende los mares: «La cual huerta es la mayor y más hermosa y fresca que nunca se vio, porque tiene dos leguas de circuito, y por medio de ella va una muy gentil ribera de agua, y de trecho a trecho, cantidad de dos tiros de ballesta, hay aposentamientos y jardines muy frescos, e infinitos árboles de diversas frutas, y muchas hierbas y flores olorosas, que cierto es cosa de admiración ver la gentileza y grandeza de toda esta huerta».[4]

En esos vergeles esplendorosos «como cosa jamás soñada», por usar las palabras del cronista de Indias Bernal Díaz del Castillo en su *Historia verdadera de la conquista de la Nueva España*, se cultivaban además de árboles frutales y toda clase de flores, plantas aromáticas y medicinales, que eran sistemáticamente clasificadas por sus propiedades. Mucho antes de que se fundase oficialmente el *hortus medicus* de Pisa, los habitantes del México prehispánico ya construían jardines botánicos y de placer, íntimamente ligados a su cosmovisión, donde naturaleza y arquitectura se integraban en un todo armónico. Sus creaciones no tenían rival en el Viejo Continente, si exceptuamos la Alhambra y el Generalife de Granada. Otro tanto cabría decir de las civilizaciones maya o inca. De esta última se conservan los restos de un extraordinario jardín botánico en Urubamba, en los Andes peruanos. Este se organizaba en terrazas concéntricas de cultivo, trazadas a distintos niveles en las laderas de una profunda hondonada. Cada uno de esos andenes reproducía las condiciones bioclimáticas de diferentes regiones del imperio, lo que facilitaba enormemente la aclimatación de las especies vegetales y mejoraba la eficiencia agrícola. Pasarán varios siglos antes de que la agronomía alcance al otro lado del Atlántico un grado de desarrollo semejante.

Al mismo tiempo que los conquistadores destruían los jardines de la América prehispánica, iban surgiendo por toda Europa botánicos a cuál más ambicioso. Eran los herederos de una tradición que se remontaba al Liceo aristotélico, pero también el fruto de un sueño de ultramar trasplantado al Viejo Continente por unos expedicionarios que creyeron haberse paseado por el Edén en las Indias. No será la primera, ni la última vez, que las civilizaciones sometidas obtienen una suerte de victoria póstuma, cuando los invasores hacen suyos los usos y costumbres de los vencidos e incorporan algunos de sus gustos. Esta afirmación se cumple con creces en el caso de las plantas, y muy especialmente en el de las americanas. La patata, el maíz, el tomate, pero también el tabaco o el cacao, conquistaron a los conquistadores del Nuevo Mundo. No contentos con saquear y rapiñar los tesoros de los pueblos subyugados, estos robaron asimismo sus ideas jardineras y culinarias. Y al ponerlas en práctica, dieron la victoria al enemigo. Nos gusta pensar que los jardines botánicos fueron una invención del Renacimiento y una de las expresiones más singulares del humanismo, porque consagra nuestros prejuicios etnocéntricos y nos permite seguir viéndonos como los hacedores de la civilización. Pero la verdad es otra.

19

Platón concibió el mundo como un organismo viviente, dotado de alma e inteligencia (*Timeo*, 29-30). Con antelación, el filósofo presocrático Anaxágoras ya había hablado del *Nous*, voz griega que significa Mente o Inteligencia ordenadora, como principio y causa del movimiento original. La noción de un *anima mundi* ha sobrevivido con distintos nombres a lo largo de los siglos. Nicolás de Cusa, Paracelso y Giordano Bruno (*natura naturans*), herederos de la gran tradición hermética medieval, la harían suya. Otro tanto cabría decir de los pensadores racionalistas Baruch Spinoza (*Deus sive natura*) y Gottfried W. Leibniz (la armonía preestablecida), así como de los representantes de la *Naturphilosophie* romántica Friedrich Schelling, Johann Gottfried Herder y Johann Wolfgang von Goethe.

Esa antigua y reveladora cosmovisión, que aflora de tanto en tanto en la historia, sobre todo en épocas de crisis y transición, resurge en nuestros días en la teoría Gaia, formulada hace medio siglo por James Lovelock y Lynn Margulis, según la cual la Tierra es un organismo complejo, autorregulado y consciente. No faltará quien considere que se trata de una consoladora fantasía romántica, por no decir infantil, pero sin duda mucho más ilusoria e irreal resulta la pretensión de que la Tierra es un objeto inanimado. El indiscutible atractivo de esta visión, para algunos simplista y trasnochada y para otros redentora y llena de sentido, radica en que nos alivia de la soledad existencial y dota de un propósito a nuestro tránsito por este mundo.

20

El anhelo de restaurar la alianza con la naturaleza, entablar una relación umbilical con la tierra y fundirnos en una comunión animista con todo lo que vive resurge una y otra vez en el curso de la historia, adoptando la forma de profecías religiosas, utopías políticas o paradigmas científicos. La humanidad lleva soñando con la reconciliación cósmica y la fraternidad universal desde el momento mismo en que, dando sus primeros pasos hacia la civilización, se apartó del seno de la naturaleza.

21

En la *verdolatría* imperante resurge el anhelo romántico de unir lo que estaba escindido, de abolir la estricta separación entre mente y mundo físico, de retroceder a una época gloriosa en la que los caminos de la ciencia y la poesía aún no se habían dividido para saltar más lejos. El deseo de «ser uno con todo lo que vive», por decirlo con las palabras de Friedrich Hölderlin en su novela poética *Hiperión*, es el núcleo de esta religiosidad laica.

22

En un universo materialista, sin Dios ni Más Allá, gobernado por el azar y la necesidad de las fuerzas fisicoquímicas, sujeto a la entropía y a la mano invisible del mercado, reconocerse emparentado genéticamente y enlazado simbióticamente con todo lo viviente ofrece consuelo, propósito y sentido.

23

Nos cuesta entender que la naturaleza no es una realidad física, sino una pura abstracción humana. Tal vez la más sofisticada y sublime invención cultural de los sapiens, un sutil artefacto que les ha permitido desarrollar una comprensión racional del universo y del lugar que ocupan en él. Tendemos a olvidar que la noción de *physis* —que procede del verbo *phyo*, con el significado de crecer, brotar, germinar—, es decir, de una naturaleza gobernada por leyes, es una idea filosófica nacida en la antigua Grecia como contraposición al mundo sobrenatural de los dioses. La naturaleza es un concepto revolucionario que impulsó *el paso del mito al logos* o, para decirlo más claramente, el comienzo del pensamiento racional. Solo entonces los fenómenos se empiezan a percibir como el efecto de unas causas materiales que se pueden investigar mediante el intelecto, y no como fruto de la arbitrariedad divina. El mundo deja de ser el escenario de una representación mítica para convertirse en una realidad física, racionalmente descifrable.

24

El sustantivo «naturaleza» procede del vocablo latino *natura*, que se forma con el verbo latino *nascor* (nacer) y el sufijo *-ura* para referirse a lo que existe sin intervención humana. Entendida como lo creado por un dios o los dioses, se contrapone por definición a la cultura y los artefactos de los animales racionales. «Naturaleza» es una palabra de gran carga semántica y densidad simbólica. La pluralidad de significados que atesora e interpretaciones que admite la convierten en un término especialmente evocador, pero también ambiguo. Nombramos realidades muy distintas, cuando no contradictorias, con este vocablo, cuya definición se vuelve más imprecisa cuanto más abarca. Algo que ya sugirió Heráclito de Éfeso cuando afirmó que «a la naturaleza le gusta ocultarse».[5] Pero, precisamente, esa indefinición le aporta su vitalidad y expresa con más exactitud su dúctil significado.

25

Nos resulta difícil, por no decir imposible, escapar del campo magnético del antropocentrismo. El primate humano proyecta su visión zoocéntrica en todo cuanto hace. Reproduce su esquema corporal y sus patrones de pensamiento en sus creaciones intelectuales y materiales. Concibe sus dioses, máquinas, ciudades a su imagen y semejanza. La misma naturaleza no es sino su más sofisticada creación. Mientras no trascendamos esta óptica, seguiremos prisioneros en la caverna, de espaldas a la luz, contemplando sombras contra un muro.

26

Por más que sea evidente, conviene no olvidar que el árbol es un organismo del que solo vemos la mitad. La otra mitad la tenemos que imaginar. Su parte subterránea suele ser tan grande o más que la aérea. De ahí también que la metáfora visual del Árbol del Conocimiento siga plenamente vigente, solo que, en vez de identificar las ramas del saber con la copa, la actual visión ecocéntrica concibe las relaciones entre las distintas ciencias como una malla de interconexiones, a la manera de las raíces. Este cambio de perspectiva resume por sí solo el giro copernicano del pensamiento contemporáneo.

27

Piensa en esto: el paisaje que se extiende delante de tus ojos cuenta solo la mitad de la historia; la otra mitad se desarrolla en el subsuelo, bajo tus pies, oculta a tu mirada. En un puñado de tierra fértil hay más seres vivos, contando microorganismos, bacterias, hongos y protistas, que humanos hollando la corteza terrestre. Aún resulta más chocante saber que, según algunos científicos, la biomasa de las criaturas que habitan el reino de las profundidades puede superar a la de las plantas y a la de los animales de la superficie. Esa biosfera invisible, en la que no penetran los rayos del sol, constituye, sin embargo, el primer y principal escenario de la vida en la Tierra. Desde esa perspectiva, nuestras existencias acontecen en una realidad *superficial*, situada tras el telón de una capa arable de suelo, en las bambalinas del teatro del mundo.

28

Pese a que estamos acostumbrados a someter a nuestro dominio a los otros seres vivos, los primates humanos somos seres frágiles, vulnerables y llenos de carencias. Y la mejor manera que tenemos de resolver los dilemas de la existencia consiste en pensar y sentir juntos, en vez de combatir en solitario. Un ángulo ciego en nuestros razonamientos nos ha impedido comprender que el apoyo mutuo, el altruismo recíproco o la simbiosis virtuosa nos reportan más ventajas que inconvenientes y amplían nuestro horizonte de posibilidades para un buen vivir. Desde esta óptica, las estrategias cooperativas son más adaptativas que las competitivas.

29

A la visión de la naturaleza como un mundo despiadado y feroz de dientes y garras, característica del evolucionismo ortodoxo, se contrapone la teoría biocéntrica, en la que prevalece la interrelación y la reciprocidad entre organismos. Las dos concepciones son

igualmente ciertas y parciales. Las ciegas e irracionales
fuerzas biológicas, la inmisericorde e implacable lucha
por la supervivencia y la utilitaria belleza natural
coexisten con el altruismo, la cooperación y la solidaridad
mutua. La urdimbre de lo vivo se entreteje gracias a
fuerzas antagonistas.

30

Según la lógica dominante en nuestra sociedad, la
escasez de un recurso lo hace más valioso y estimula
la competencia. La economía capitalista, al igual que la
biología evolucionista, se funda en la supremacía del
más apto. Las leyes del mercado y la selección natural
favorecen el individualismo y el egoísmo, por encima
de la reciprocidad y el apoyo mutuo, mientras que en
un mundo mejor, la carencia fomentaría la
cooperación y la solidaridad en vez del
enfrentamiento y la codicia.

31

Comer sin ser comido puede que sea la ley de la
naturaleza, pero no solo la competencia, sino también
la reciprocidad y el apoyo mutuo inspiran la danza de
la vida, cuya vieja y grave melodía aún resuena en lo
más hondo de nuestro ser. Esa vibración nos conecta
con todo lo que respira y nos recuerda la
interdependencia de todos los organismos. Las redes
tróficas y simbióticas forman la intrincada urdimbre
del tapiz de la biosfera. Depredadores y presas,
huéspedes y hospedadores, comensales y proveedores
estamos unidos los unos a los otros por hilos invisibles,
en una malla sin principio ni fin.

32

La marcha triunfal de la tecnociencia nos ha conducido a una encrucijada histórica: colapso climático o cultura biocéntrica, de la que solo saldremos mediante una transformación espiritual. A estas alturas, ir a más únicamente puede significar crecer menos, sacrificar parte de nuestra prosperidad material en beneficio del progreso moral. Si asumiéramos que no todo lo que es posible resulta deseable, daríamos un Gran Salto Adelante.

33

Lo salvaje no solo habita en nuestro cuerpo, sino también en nuestro espíritu. En las profundidades de nuestra mente crecen selvas impenetrables de significados y bosques primarios de símbolos. Más allá de las fronteras de la razón se extienden vastas extensiones sin cartografiar, una inexplorada *terra incognita* de la imaginación y el continente sumergido de nuestros instintos.

34

Desde los primeros siglos de nuestra era, los seres humanos hemos experimentado el anhelo de huir de la civilización y, atraídos por la llamada de lo salvaje, nos hemos refugiado en los bosques, las montañas, los desiertos, las islas y los rincones más apartados de la geografía terrestre, como si quisiéramos retornar a la edad de la inocencia, a una época anterior a la ruptura de la alianza con la naturaleza, y sanar así de la herida narcisista. El mal de nuestro siglo ha exacerbado ese deseo, pero nuestros horizontes se han contraído. Las únicas tierras vírgenes se encuentran hoy en día en los

confines de nuestra introspección, más allá de las
fronteras del yo, fuera del mapa de los sentidos, donde
habita la conciencia de ser uno con todo lo viviente.
En los espacios infinitos de la interioridad existe un
nanocosmos espiritual todavía por cartografiar.

35

Puede que la existencia no tenga un sentido claro ni un
propósito definido, pero la realidad tampoco es lo que
parece. Muchos de los hechos más reveladores son
contraintuitivos. A pesar de escribir estas letras
sentado frente a mi mesa, la Tierra orbita a razón de
100.000 kilómetros por hora alrededor del Sol.
Mi sensación de soledad no es menos ilusoria que el
silencio de las plantas del jardín. Todo está poblado
de dioses, como decían los sabios antiguos, o de
microorganismos, como afirman los modernos. Si el
noventa por ciento del cosmos es materia oscura,
calculan los astrónomos, cuánto más no lo será nuestro
universo interno. Hay verdades que están más allá de
los límites del lenguaje, escapan a las palabras, no
tienen cabida en la escritura. El misterio nos envuelve y
nos protege de la arrogancia de creernos todopoderosos.

36

La veneración y el misterio representan la esencia de
la religión, al igual que la curiosidad y el asombro son
los motores de la ciencia. Ambas participan del
mismo sentimiento reverencial hacia lo desconocido.
Para ilustrar lo que quiero decir, me gustaría que
imaginásemos una fogata en la noche. Cuanto más se
alimenta el fuego del conocimiento, más se amplía el
círculo de luz que proyecta y, por consiguiente, más
puntos de contacto tiene con las tinieblas

circundantes, es decir, con la oscuridad y el silencio que nos envuelven.

37

Detrás del silencio de Dios se escucha la respiración del universo y, por debajo de esta, el palpitar de nuestro trémulo corazón. Maravillarse es la única respuesta posible al misterio del cosmos. Ante su sobrecogedora belleza sobran las palabras y se impone una contemplación admirativa.

38

Solemos plantearnos únicamente las preguntas que somos capaces de responder. Eso no quita para que algunas, más insidiosas, nos ronden la cabeza: cómo puede ser que la Tierra no tenga dueño, pero las tierras sí; que seamos naturaleza y, sin embargo, estemos en guerra contra ella; que nos creamos los amos y señores del planeta, cuando tan solo somos sus huéspedes.

39

El ser humano no solo ha creado a Dios «a su imagen y semejanza», ha hecho lo mismo con la Naturaleza. Ya es hora de trascender el antropocentrismo imperante, entender que no somos la medida de todas las cosas y repensar cuál es nuestro lugar en la biosfera.

40

Gracias a las mismas herramientas con que la ciencia intenta despacharla, la metafísica retorna en forma de

genes, quarks, quantums, microorganismos, entre otras
muchas e imperceptibles realidades y entelequias que
ponen a prueba nuestra imaginación creativa.

41

En aras de una Verdad con mayúscula, el cientifismo
(la ciencia convertida en religión) traiciona el ideal de
la búsqueda sin término de la verdad con minúscula.
Y adolece de los mismos males que afirma condenar:
dogmatismo, integrismo y sectarismo.

42

Seguimos debatiendo por qué las poblaciones de
neandertales y otras especies de *Homo*, con las que
durante algunos miles de años compartimos el planeta,
declinaron y sucumbieron con la llegada de los sapiens.
Sea cual sea el motivo de su extinción, el hecho es que
nos impusimos a nuestros primos y nos quedamos
solos como representantes del género *Homo*. Ese
posible genocidio constituye el mito primordial de la
especie a la que pertenecemos, elegida o, mejor sería
decir, seleccionada, no solo por su creatividad y
capacidad de aprendizaje sino también por su instinto
depredador y su agresividad innata.

43

Una de las ideas heredadas que más compromete
nuestro porvenir es la noción de singularidad humana.
Ese complejo de superioridad nos ha llevado a creer
que nos emancipamos sometiendo a la naturaleza y
poniéndola a nuestro servicio. El futuro comenzará el
día en que corrijamos esos patrones de pensamiento y

adquiramos otros nuevos, descolonicemos nuestro imaginario colectivo y nos salgamos de las coordenadas establecidas por el antropocentrismo y su delirio de grandeza.

44

Tan ilusa y antropocéntrica es la creencia de que el mundo está hecho para servir a la humanidad, como pensar que la naturaleza es buena, sabia y armoniosa. Nuestro éxito evolutivo nos ha llevado a suponer que somos la especie elegida, los protagonistas de la historia natural o, por decirlo con una expresión de nuestra época, los «gestores de la biosfera», entre otras muchas cosas que halagan la vanidad de los sapiens, el único animal que no se resigna a ser animal.

45

El ser humano es una adivinanza filosófica, a la que resulta difícil dar una respuesta satisfactoria. Se ha dicho de nosotros que somos polvo de estrellas, algoritmos biológicos, primates racionales, jardineros desterrados en el mundo de las ideas y un sinfín de definiciones, a cada cual más ingeniosa e incompleta. Sea como fuere, no cabe duda de que «somos lo que plantea la pregunta», por usar las palabras del físico teórico sir Arthur Eddington.[6] El mayor signo de inteligencia humana es el signo de interrogación.

46

El primate humano es el único animal consciente de que va a morir (tacha eso), que habla (tacha eso), con pensamiento simbólico (tacha eso), con mente (tacha eso)… Cuanto más sabemos sobre el comportamiento de animales y plantas, más difícil resulta especificar en qué consiste nuestra singularidad: autoconsciencia, lenguaje, razón, tecnología, arte… Encontramos, en mayor o menor grado, la capacidad de percibir, recordar, tomar decisiones, resolver problemas y aprender en otros macro y microorganismos con los que estamos emparentados y compartimos este planeta. Somos criaturas tan singulares como cualquier otra.

47

La idea rectora del proyecto científico es la presunción de la singularidad o excepcionalidad del animal humano. ¿Somos tan únicos como nos dicen? Solo si asumimos que el hombre no es la medida de todas las cosas, será posible un «renacimiento» del humanismo. Esta paradoja retrata nuestra sociedad tecnocapitalista.

48

Llevamos tanto tiempo convencidos de la singularidad de nuestra especie, que nos olvidamos de que el primate humano jamás hubiera existido si las plantas no hubieran modelado la biosfera a lo largo de cientos y cientos de millones de años, creando así las condiciones idóneas para la aparición de los sapiens en la Tierra. Somos solo unos recién llegados a la fiesta de la vida, pero nos gusta vernos como los protagonistas de la historia natural. Si nos dejamos llevar por este complejo de superioridad y seguimos actuando con imprudente temeridad, corremos el riesgo de caer en el verdor del olvido, y la flora colonizará las ruinas de nuestra civilización, dando un nuevo sentido al viejo mito bíblico de la expulsión del Paraíso. La Tierra continuará girando, con o sin el animal humano.

49

Por culpa de nuestra arrogancia antropocéntrica padecemos una ceguera vegetal que nos impide reconocer la impagable deuda que hemos contraído con las plantas. Sin ellas no habría animales, y el primate humano no representa ninguna excepción. La flora no es el telón de fondo ni el decorado de una historia natural protagonizada por los sapiens, sino la condición de posibilidad de nuestra existencia. Por más empeño que pongamos en inventariar los miembros del reino vegetal y bautizarlos con impronunciables nombres en latín, somos nosotros los que estamos subordinados a ellos.

50

¿Por qué siendo los seres vivos más abundantes del planeta (aproximadamente el 80 por ciento de la materia orgánica), las plantas no han merecido apenas la consideración de los filósofos? ¿Cómo es posible que, a pesar de haber dado probadas muestras de entendimiento, suficiencia y buen juicio, hayan sido ninguneadas por los amantes de la sabiduría? ¿Qué explicación dar a la ceguera vegetal de quienes precisamente instan a abrir los ojos y pensar por uno mismo? Si las grandes mentes han hecho caso omiso de la inteligencia verde, ¿qué otras cosas pueden haber pasado por alto?, ¿en qué más pueden haberse equivocado?

51

El jardín, ese trozo de naturaleza domesticada para solaz y provecho humano, es un invento de la civilización urbana, nacida tras la revolución agraria,

que supuso un cisma copernicano en el mundo de los
cazadores recolectores nómadas del Paleolítico y su
relación umbilical con la tierra. Todavía respiramos por
esa herida abierta. Así se explica la psicología bipolar
que preside nuestra relación con la naturaleza, a la que,
al mismo tiempo, veneramos y maltratamos.

52

Si el bosque es la patria originaria del primate
humano, el jardín representa el mito fundacional de las
civilizaciones agrarias. Así como nuestra arquitectura
ósea y nuestro primitivo cerebro se modelaron en
contacto con los árboles, el cultivo sembró de
metáforas y símbolos nuestro imaginario colectivo.

53

El polímata renacentista Giovan Battista della Porta,
por muchos considerado el príncipe de los fisionomistas,
publicó en 1591 un tratado bellamente ilustrado, en el
que correlacionaba la morfología de las personas y de las
plantas, en un intento de demostrar la unidad anímica
de todos los organismos. Esta obra tan erudita como
peregrina, titulada *Phytognomonica*, establece
insospechadas analogías entre el cabello, los dientes, las
manos y otras partes de la anatomía humana y el diseño
de las ramas, las raíces y las flores de ciertos vegetales.
Los parecidos, fundados en dudosas autoridades, puede
que sean menos fantasiosos de lo que parecen. Hay una
poderosa razón para que algunos de nuestros rasgos
corporales se asemejen a los de las plantas: tenemos un
origen común. Los vestigios de un pasado evolutivo en
que nuestros linajes aún no se habían separado son
reconocibles a simple vista. Nuestras huellas digitales
recuerdan a las anillas anuales de crecimiento de los

árboles, por no mencionar nuestro tronco o torso y nuestras extremidades superiores e inferiores, parecidas a ramas y raíces.

54

Mucho antes de que Ernst Haeckel acuñara en 1866 el término ecología, que luego se popularizaría, los jardineros ya asumían el compromiso de cuidar de la tierra, apreciaban la belleza vegetal y se esforzaban por entender las plantas. Desde el más suntuoso parque histórico al más humilde huerto doméstico de un suburbio cualquiera, todos los jardines representan esbozos del paraíso terrenal, y este es el arquetipo de todas las utopías concebidas por la humanidad a lo largo de los siglos.

HUMANOS Y PLANTAS CRECEN BUSCANDO LA LUZ O DE LA INTELIGENCIA VEGETAL

«Está claro que no podemos deshacer los cambios
nocivos que hemos introducido en el clima y en la
biosfera sin la ayuda de las plantas, pero, para que
funcione nuestra asociación con ellas, tenemos
que aprender a verlas de forma distinta».[7]

«Indíquenme dónde empieza el árbol: si en la semilla
o en el fruto que antes envolvía a esa semilla. O tal
vez en la rama de la que germinó la flor que más
tarde fue ese fruto. O en la propia flor, ¿me siguen?
Nada es tan sencillo como parece».[8]

1

La fotosíntesis es la magia más poderosa que hay. Las plantas realizan el prodigio cotidiano de transformar la luz y el agua en energía, proveyéndonos de alimentos y oxígeno. Sin esa alquimia vegetal, desengañémonos, no existirían las pirámides de Egipto ni la Biblia, ni la música ni la democracia, ni ustedes ni yo.

2

Las plantas nos resultan a un mismo tiempo familiares y extrañas, ajenas y cercanas formas de vida. Coexistimos con ellas desde los albores de la humanidad, pero no acabamos de entender su manera de estar y de ser en el mundo. Aun cuando nos cuesta reconocer su radical alteridad, esas alienígenas fotosintéticas pueblan nuestros mitos y leyendas. Contrariamente a lo que nos gusta pensar, no son las figurantes o el decorado verde de una historia natural protagonizada por los primates humanos, sino sus auténticas artífices. Fueron las algas las que colonizaron la yerma superficie terrestre y crearon el jardín planetario. Así comenzó la aventura de la vida, a la que, muchos millones de años después, se sumó el primate humano.

3

En el principio fue el verbo «fotosintetizar». Contrariamente a lo que presuponemos, la fotosíntesis es más antigua que las plantas. Las cianobacterias que poblaban los mares primitivos empezaron a fabricar oxígeno unos 2.500 millones de años atrás, mucho antes de que la corteza terrestre se cubriera de flora. De eso hace aproximadamente 470 millones de años.

Dicho de otra manera, los océanos se volvieron verdes mucho antes que las tierras emergidas.

4

En 2012 un equipo de científicos rusos logró resucitar una planta prehistórica, llamada *Silene stenophylla*, a partir de las semillas y los frutos descubiertos en varias madrigueras de ardillas árticas que, según las dataciones efectuadas con radiocarbono, habían permanecido congeladas ininterrumpidamente durante más de 30.000 años. Por la época en que esos restos vegetales quedaron enterrados en el hielo siberiano, nuestros ancestros todavía pintaban las siluetas de bisontes, ciervos y caballos salvajes en las paredes de las cuevas. Con el correr del tiempo, descubrirían la agricultura, fundarían los primeros estados, inventarían la siderurgia y el alfabeto, desarrollarían el pensamiento crítico y la tecnociencia. La resurrección de esa insignificante y frágil plantita, con unas delicadas flores blancas, representa una parábola sobre el poder de la inventiva humana y sintetiza su epopeya civilizatoria. Nuestra especie ha hecho gala de una capacidad de fabulación o autoengaño que, si bien le ha permitido superar hasta el presente todos los desafíos existenciales y ha impulsado su éxito evolutivo, amenaza ahora su porvenir. Si no confrontamos nuestras fantasías desarrollistas y antropocéntricas con la realidad, corremos el riesgo de convertirnos en víctimas de nosotros mismos y desaparecer como la *Silene stenophylla*.

5

El colmo de la arrogancia humana tal vez sea pensar que somos los únicos seres inteligentes del planeta. Resulta

aún más patética nuestra absurda pretensión de creernos
superiores a los representantes del reino vegetal, cuando
sin las plantas no viviríamos para contarlo. Una
exuberante flora cubría la superficie terrestre cientos
de millones de años antes de que nuestros ancestros
aparecieran en escena. Y ni que decir tiene que la
vegetación repoblará las ruinas de la civilización si
nuestras sociedades, supuestamente avanzadas, se
muestran incapaces de conciliar sus necesidades con
el cuidado del jardín planetario.

6

Nuestra relación con las plantas está plagada de
presupuestos y sobreentendidos zoocéntricos. Baste
recordar que, hablando de los miembros del reino
vegetal, «fijado al suelo» no es sinónimo de «inmóvil»,
«silencioso» no significa, ni mucho menos, «mudo», y,
lo que todavía resulta más desconcertante, un ejemplar
puede ser tanto un individuo como una colonia, tener a
la par una naturaleza unitaria y modular. Su percepción
del mundo, su escala de tiempo y su anatomía
descentralizada difieren tanto de las nuestras que, bien
por una falta deliberada de imaginación, bien por
nuestra arrogancia, subestimamos la inteligencia
vegetal. Esos seres, desconocidos y familiares al mismo
tiempo, desafían nuestras categorías mentales (vivo/
muerto, individuo/colonia, yo/no yo), expanden nuestro
horizonte de comprensión y nos fuerzan a buscar
nuevas respuestas a las grandes cuestiones existenciales:
quiénes somos, de dónde venimos y adónde vamos.

7

Las plantas nos enseñan a ser humanos, porque
desafían nuestro zoocentrismo y ponen a prueba

nuestra capacidad de atención, asombro y empatía, si queremos entenderlas. Nos fuerzan a rebasar nuestros marcos cognitivos, a cambiar nuestros hábitos mentales e ir más allá de los esquemas preconcebidos para descifrar el jeroglífico de su existencia. No contentas con poner en entredicho nuestra singularidad y superioridad con sus habilidades y adaptaciones, nos obligan también a repensar qué significa ser un animal racional. Cobramos conciencia de quiénes somos a través de esos organismos fotosintéticos.

8

Imaginad por un momento que las personas hibernáramos, realizáramos la fotosíntesis o nos desembarazáramos de los órganos que no nos sirven y los reemplazáramos por otros, como hacen los miembros del reino vegetal. O, aún más prodigioso, que cambiáramos de sexo, nos autofecundáramos o fuéramos «injertables». Rindámonos a las evidencias: las plantas representan una forma de vida más evolucionada que la humana, y no solo porque llevan en este planeta mucho más tiempo que nosotros, sino porque han resuelto con una creatividad sin igual muchos de los problemas que nos afligen.

9

Percibimos las plantas como seres inferiores, cuando, en realidad, no existiríamos sin ellas. Estamos muy dispuestos a reconocer su belleza, no tanto su inteligencia, y mucho menos que piensen. De nuestra absoluta dependencia del reino vegetal, mejor ni hablamos. Pero los jardineros saben algo que la mayoría de las personas ignoran: ellas también nos cultivan para sus fines, mientras nosotros las cultivamos para los nuestros.

10

Si juzgamos a las plantas por su capacidad de razonar, manejar herramientas y moverse en el espacio, nada nos impedirá considerarnos únicos y mejores. La cosa cambia si las valoramos por su creatividad biológica, complejidad sensorial y comunicativa, y capacidad de adaptación al entorno. En tal caso, no nos quedará más remedio que aceptar que nos hallamos ante seres conscientes, dotados de intenciones y con una vida interior.

11

Estamos más dispuestos a considerar conscientes a las máquinas que a las plantas. Nos causa menos disonancia cognitiva la inteligencia artificial humana que la inteligencia vegetal. Preferimos atribuir la creatividad biológica de los árboles, las flores y las hierbas a «una programación innata» antes que a su perspicacia. La sola idea de que tengan «intenciones» toca una fibra sensible de nuestra sociedad. A pesar de que son capaces de realizar trucos prodigiosos, como la fotosíntesis, y proezas deslumbrantes, como renacer de las cenizas o vivir miles de años, seguimos infravalorando sus capacidades y logros. Con frecuencia olvidamos que el mundo que habitamos es obra suya. Lleva su firma verde.

12

El origen del jardín se confunde con el de la agricultura. Nuestro destino se entreteje con el de las plantas. Llevamos interactuando con ellas desde que nuestros ancestros eran monos arborícolas. En un proceso de domesticación mutua o, dicho más científicamente, de coevolución, los nómadas del Paleolítico se convirtieron en agricultores, y muy pronto también en jardineros.

13

Aquellos que abogan por un jardín más silvestre estarían dejándose llevar sin saberlo por la reminiscencia. En otras palabras, la estética naturalista tendría un fundamento evolutivo y antropológico. A decir de algunos investigadores, sentimos predilección por aquellos paisajes que evocan el recuerdo de la sabana, en la que se desarrollaron nuestros ancestros cazadores-recolectores: llanuras de plantas herbáceas, salpicadas aquí y allá por algunos grupos de árboles que ofrecen abrigo, refugio y protección. Ese paisaje, que está grabado en lo más profundo de nuestro inconsciente colectivo y forma parte de nuestra memoria genética, resuena en los diseños de los parques paisajistas. De forma consciente o no, sus artífices reproducen el escenario natural en que nuestra especie prosperó durante el Paleolítico.

14

Aristóteles ya atribuyó a las plantas un alma vegetativa, pero a su juicio estas poseían únicamente las facultades de nutrición, crecimiento y generación. Como escribió en su *Metafísica*, fueron creadas porque eran necesarias para los animales, y estos, porque los necesitaba el hombre, «el mejor de los animales» según el filósofo. La idea de que la naturaleza ordena todo en función del ser humano sigue siendo un prejuicio pertinazmente arraigado, por mucho que la poderosa narrativa del darwinismo nos haya destronado como reyes de la creación y convertido en un animal más, en un primate con un gran cerebro.

15

Mientras creamos conocer las respuestas, nunca nos haremos las preguntas pertinentes. Cuando entendamos que la inteligencia no es monopolio de los sapiens, encontraremos la manera de reconocerla y medirla en los otros seres no humanos con los que compartimos este jardín terráqueo.

16

Entre el término filosofía y *fitosofía* apenas hay una consonante de diferencia, pero esa letra encierra un universo de significados y abre un cisma copernicano en la visión antropocéntrica imperante. Reconocer la sabiduría vegetal y a las plantas como seres sintientes e intencionales nos puede ayudar a despejar la incógnita de la ecuación del futuro.

17

Las respuestas que necesitamos vendrán de la inteligencia vegetal antes que de la artificial. A fin de cuentas, esta última es mineral (silicio, cobalto, litio, tierras raras…) y su arquitectura algorítmica poco tiene que ver con nuestras flexibles redes neuronales, más parecidas a los cerebros radiculares de las plantas.

18

Sabemos que la posibilidad de encontrar una fuente de
energía inagotable y no contaminante, de desarrollar una
economía íntegramente circular y alcanzar una sociedad
regenerativa no es una pura fantasía o una completa
quimera, porque los árboles llevan millones de años
realizando la prodigiosa transmutación de la luz y el
agua en azúcares, convirtiendo desechos en nutrientes
y renaciendo de sus cenizas. Las soluciones innovadoras
que necesitamos para avanzar hacia un futuro deseable
las tenemos delante de los ojos, pero seremos incapaces
de verlas hasta que no aprendamos a discurrir como
un árbol.

19

La manera de dignificar a los árboles no consiste en
antropomorfizarlos y atribuirles comportamientos y
sentimientos humanos, sino en entender que somos
sus lejanos parientes. Aparte de compartir una historia
evolutiva y un ancestro común con las plantas, el
oxígeno que producen llena nuestros pulmones y
alimenta nuestros tejidos. En cada inhalación
suscribimos y renovamos una alianza con el reino
vegetal. Ese contrato no escrito rebate la idea de
separación y superioridad humana.

20

Los árboles, como el resto de las plantas, son autótrofos,
es decir, producen endógenamente su propio alimento
mediante la fotosíntesis. En este sentido se puede decir
que materializan el antiguo ideal filosófico de la
autosuficiencia. Representan la viva imagen del sabio, al
que Platón describió en su *República* como «aquel que se

basta a sí mismo para ser feliz». No solo su autarquía (*autarkês*) sino también su impasibilidad o imperturbabilidad (*apatheia*) hacen del árbol un maestro de vida. Tanto es así, que el lema estoico «aguanta y renuncia» (*sustine et abstine*) parece presidir su *modus vivendi*. Puesto que no puede huir de los depredadores o ponerse a buen recaudo de las inclemencias atmosféricas, ha aprendido a adaptarse para sobrevivir. Si «solo es filósofo el que vive de forma filosófica», como afirma Erasmo de Róterdam en sus *Adagios*, nadie merece más ese atributo que el árbol.

21

Inhalamos lo que los árboles exhalan. Llenamos nuestros pulmones con el aliento de sus hojas. Estamos unidos a ellos por el aire que respiramos. Si la Naturaleza es Dios, los árboles representan a los ángeles de su corte terrenal, solo que, en vez de plumas, tienen hojas. Tanto ellos como nosotros crecemos buscando la luz.

22

Por evidente que sea, haríamos bien en recordar que los humanos no podemos crear bosques primarios, sino tan solo plantaciones de árboles. Detente un momento, lector, respira hondo y vuelve a leer esta frase.

23

Los árboles no solo son los seres más longevos y con mayor biomasa del planeta, sino también unos de los que demuestran más inteligencia. Algunos son capaces de realizar proezas que no parecen reales. Para ilustrar su astucia adaptativa, contaré un episodio poco conocido. La enigmática y repentina extinción de unos tres mil antílopes *kudu* en un coto de caza de Sudáfrica se resolvió cuando los investigadores del caso descubrieron que, debido a la presión demográfica, estos herbívoros alteraron su dieta y comenzaron a devorar acacias. Estos árboles liberaron entonces unos taninos que bloquearon la digestión de sus coyunturales depredadores y provocaron su sorprendente muerte por inanición. Muchos conceptos, y el de inteligencia no es el menor de ellos, deben ser repensados a la luz de lo que estamos descubriendo sobre el comportamiento de las plantas. Resulta difícil defender la singularidad humana si admitimos nuestra total dependencia del reino vegetal. Obtenemos de las plantas cuanto necesitamos para nuestra subsistencia: alimento, combustible, medicinas y materiales de construcción, por no mencionar otros recursos inmateriales como símbolos, metáforas y alegorías.

24

Nos cuesta más entender a las plantas que a los animales. Uno de los prejuicios zoocéntricos más arraigados es que carecen de mente. Una amplia variedad de recientes investigaciones científicas avala la idea de que los miembros del reino vegetal son seres intencionales, capaces de tomar decisiones y aprender, pese a no disponer de cerebro ni sistema nervioso. Su inteligencia se advierte de manera muy especial en la cantidad de principios activos que han desarrollado para repeler a los depredadores y atraer y manipular a los potenciales polinizadores y servidores de su causa, entre los que nos encontramos nosotros. Sirva para ilustrar esta idea el siguiente apunte de historia natural, poco más que una nota a pie de página. Recientemente se ha descubierto que algunas plantas de flor ofrecen a las abejas polinizadoras, a cambio de sus servicios, un néctar que contiene cafeína, con el propósito de fidelizarlas. Según los investigadores, la adicción a este ingrediente secreto hace que cumplan con más diligencia y efectividad su misión. Su relación coevolutiva cobra una nueva e inquietante dimensión a la luz de estas consideraciones. Resulta difícil no atribuir a una mente inteligente semejante estrategia de manipulación, tan refinada.

25

Si definimos «mente» como aquello que permite representar el mundo y tener un mapa cognitivo del entorno, e «inteligencia» como la capacidad de evaluar el mundo y tomar decisiones acertadas, pocas dudas caben de que las plantas poseen mentes inteligentes. Admitir que los miembros del reino vegetal tienen la facultad de percibir, sentir, recordar, deliberar y actuar desafía nuestra visión antropocéntrica y plantea dudas razonables sobre la superioridad del primate humano. De todas las ficciones culturales en circulación, una de las más irreflexivas y absurdas es la ilusión de que somos los protagonistas de la historia natural. Semejante pretensión nos ha llevado a creer que la tierra está a nuestro servicio y a la soberbia de ponernos por encima de todos los demás seres.

26

Necesitamos pulir nuestras lentes conceptuales para corregir nuestra miopía antropocéntrica, y graduar nuestra vista cansada por el materialismo científico para volver a contemplar la naturaleza con asombro reverencial y curiosidad infantil.

27

Contaré una historia con aroma a fábula para ilustrar cómo se entretejen nuestras vidas con las de las plantas y los animales. Las inexpugnables murallas de Ibiza se erigieron sobre los antiguos huertos medievales. Según cuenta la leyenda, una bruja lanzó una maldición contra sus constructores: «Nos podréis quitar las tierras, pero jamás lograréis libraros de nuestras plantas». El hecho es que, muchos siglos después, las alcaparras, entre otras especies rupícolas, siguen trepando por los muros de los baluartes, hasta el punto de que representan una amenaza para su continuidad y acabarían destruyéndolos si no fueran periódicamente arrancadas y fumigadas con herbicidas. La explicación a su resistencia hay que buscarla en las lagartijas o *sargantanas*, que se asolean entre las viejas piedras. A estos reptiles les encantan los frutos de las alcaparras, cuyas semillas propagan a través de sus excrementos tras disolver su dura cáscara con sus jugos gástricos.

28

Con el honorable propósito de no atribuir a los animales, las plantas u otros organismos características humanas y pecar de antropomorfismo, parte de la ciencia moderna ha caído en un error aún más grave que el que pretendía evitar: la ceguera selectiva. Y en aras de una supuesta objetividad ha negado una de las vías de conocimiento más elementales y valiosas: la identificación con el objeto de estudio, esto es, la empatía. Conocer no solo consiste en observar, medir y clasificar, sino también en experimentar y sentir. La razón sin emoción es tan estéril como la emoción sin razón.

29

Puede afirmarse, sin miedo a cometer una exageración, que las plantas tienen emociones. A pesar de carecer de cerebro, experimentan algo parecido al miedo, la sorpresa, la alegría, la ira, la tristeza, el desagrado o el asco. Aunque no posean redes neuronales, nos consta que se estresan. Sus estrategias de supervivencia no se corresponden exactamente con las de los animales (huida, lucha, parálisis, ocultación), pero también se defienden y camuflan de las amenazas y los ataques externos. A las personas que son receptivas al lenguaje emocional de la flora les atribuimos una mano verde. Si aguzáramos nuestra *naturpercepción* y nos liberáramos de nuestros prejuicios zoocéntricos, entenderíamos que nuestros lejanos parientes *verdes* son seres sintientes.

30

Podemos preguntarnos si las plantas domésticas aprecian nuestros cuidados, nos reconocen y, tal vez yendo demasiado lejos, nos quieren. Algunos científicos responderían que es absurdo plantearnos qué les pasa por la mente, sencillamente porque no la tienen. Pero no pocos botánicos rebatirían esta taxativa afirmación diciendo que son seres sintientes e intencionales, capaces de aprender y recordar. Cuesta aceptar semejante idea, no tanto porque sea fantasiosa o irracional como porque pone en entredicho nuestra concepción ordinaria del mundo natural y plantea preguntas difíciles de contestar sobre el lugar que ocupamos en él. No es la menor de ellas quién domestica a quién.

31

Por la misma época en que el fraile agustino Gregor Mendel realizaba sus experimentos con plantas de guisante en el monasterio austriaco de Königskloster, muy lejos de Brünn un oscuro reverendo escocés, Fergus Scott, desarrollaba una teoría sobre el humor vegetal a partir de sus observaciones en el huerto de la vicaría de Ullapool, en las Highlands. Mientras aquel investigaba los principios de la herencia biológica y establecía las leyes de la genética moderna, este se esforzaba en averiguar por qué resultamos graciosos a las plantas, y escribía uno de los más disparatados tratados de botánica de los que se tiene noticia: *Plantae ridens.*[9]

Ambos religiosos y expertos jardineros entregaron su alma al Creador sin llegar a ser conscientes del alcance de sus descubrimientos. Resulta imposible exagerar la importancia de Mendel en la historia de la biología. Scott merecería ser considerado el padre de la neurobotánica, si alguna vez esta disciplina alcanza la respetabilidad científica. A fin de cuentas, fue el primero en afirmar que las plantas se mofan de los humanos, provocándoles estornudos, excitando sus lacrimales o irritando su piel. Postuló incluso que disfrutan burlándose de nuestras pretensiones y fustigando con sus estrategias de reproducción y supervivencia nuestra desmedida e infundada soberbia.

Con independencia de si era un pionero o un trastornado, o ambas cosas a la vez, nadie, ni antes ni después de Scott, ha defendido que los miembros del reino vegetal tienen una vis cómica. Habrá quien piense que se adelantó a su época, o que sufrió un retraso en su desarrollo intelectual que le impidió superar la etapa del pensamiento mágico infantil. Sea como fuere, el futuro le ha dado la razón, y sus ideas ya no suenan tan extravagantes en nuestro tiempo. Por lo que sabemos sobre las plantas, podemos suponer de lo que son capaces, y ya no nos cuesta tanto hacernos a la idea de que, como se lee en la obra de Scott, «no solo los Hijos de Dios se ríen».

Nadie discute que son bellas para cautivar a sus polinizadores y propagarse, pero no queremos reconocer que nos manipulan. Es más: nos consideramos sus amos y señores, para mayor regocijo suyo. Solo alguien muy ingenuo, o totalmente desinformado, pensaría que, por haberlas inventariado y bautizado con nombres en latín, nos necesitan. Lo cierto es que los animales racionales no les aportamos gran cosa y, muy al contrario de lo que nos sucede a nosotros, tampoco les hacemos falta para sobrevivir. Con frecuencia nos olvidamos de que, según el *Génesis*, la vida en la Tierra empezó sin los humanos. A un hombre devoto como Scott no le pasó desapercibido que estos aparecieron cuando, en el jardín plantado por Dios, ya habían transcurrido tres días. Cómo no nos iban a tratar las plantas con irónica condescendencia. Nuestra pretendida superioridad, nuestro afán de figurar y nuestra vanidad les han debido de parecer a la fuerza cómicas, grotescamente cómicas. Pasará mucho tiempo antes de que cambien nuestras ideas acerca de los árboles, las flores y las hierbas, y aprendamos a apreciar su inteligencia, cuyo atributo más significativo es sin duda el humor. Ese día las plantas seguirán siendo plantas, pero nosotros ya no seremos los mismos.

32

La *clorofilia* es el principio y el fin del arte del jardín. Los estilos (formal, paisajista, pintoresco…) representan tan solo patrones, plantillas que proveen de una sintaxis a nuestro amor instintivo por las plantas. Por paradójico que pueda parecer, se trata de uno de los rasgos distintivos del animal humano. Acaso porque obtenemos del reino vegetal cuanto necesitamos para nuestra supervivencia material y espiritual.

33

Hemos llegado hasta aquí gracias a las plantas. Durante el Neolítico aprendimos a domesticarlas y en la Revolución industrial nos las ingeniamos para mecanizar su producción. Llegados a la era digital, nos corresponde valorar y comprender su inteligencia. Debemos volver la mirada hacia ellas en busca de soluciones convincentes a la crisis ecosocial. A lo largo de nuestra historia, nos hemos esforzado por dominarlas y ponerlas a nuestro servicio; hora es ya de aceptar que son seres más evolucionados que nosotros y nos pueden enseñar a vivir de otra manera.

34

Un jardín representa un equilibrio artificial, porque lo natural es el desorden. Armonía, belleza o proporción constituyen categorías subjetivas, cargadas de sentido únicamente para los humanos. A pesar de que la naturaleza no se rige por principios artísticos ni sigue las reglas de la composición, «el jardín silvestre» asume su magisterio e intenta imitar su espontánea creatividad. La siguiente historia, entresacada de las páginas de los periódicos, ilustra nuestras contradicciones a la hora de gestionar la jardinería urbana, y la dificultad de armonizar libertad y belleza. En una ciudad de provincias, los jardineros municipales fueron a la huelga para reivindicar sus derechos y reclamar mejoras salariales. Después de casi tres meses de inactividad, una flora oportunista se había adueñado de las alamedas, las rotondas, los alcorques, los arcenes y las medianas. Los setos y el césped de los parques crecían fuera de control, y las malezas recuperaban el terreno perdido y prosperaban anárquicamente en cualquier resquicio. Conforme pasaban los días y una vegetación espontánea engalanaba las calles, lo que empezó siendo un signo de

incuria y dejadez empezó a percibirse como una floración
de biodiversidad. Semejante alarde de belleza silvestre
no dejó indiferente a nadie y suscitó un debate acerca de
si someter o someterse a la naturaleza, imponerle nuestras
reglas o aprender las suyas, si disimular o mostrar la
intervención humana. Quizá podamos extraer de este
episodio alguna moraleja sobre la necesidad de
asilvestrarnos literal y metafóricamente para ser tanto
personas cultivadas como una sociedad cultivada.

35

Pecamos de antropocentrismo cuando calificamos a las
plantas silvestres de «malas hierbas» porque interfieren
en nuestros propósitos y escapan a nuestro control. Dejar
de verlas como un signo de incuria o abandono nos
predispone a un cambio de mentalidad de más calado.
Parece poca cosa no arrancar las malezas, pero ese gesto
está cargado de significado y revela la voluntad de
superar las empobrecedoras dicotomías bello y feo, orden
y desorden, urbano y silvestre. Tenemos mucho que
aprender de esa vegetación con mala reputación y poco
exigente, que arraiga en los lugares más insospechados.
Hay algo épico en esa flora indisciplinada, furtiva y
audaz, a la que en el mejor de los casos cabría calificar
de vagabunda y en el peor de oportunista, y que en
cualquiera de ellos representa un prodigio de adaptación
y resistencia.

36

Si bien las plantas son sésiles, es decir, están sujetas al
suelo, sus semillas tienen vocación peregrina y alma
de polizón. Arrastradas por el viento, alojadas en el
aparato digestivo de los animales o enganchadas
en su pelo, sus plumas o, en nuestro caso, la ropa,

viajan a la aventura y se instalan donde mejor les parece. Desde mucho antes que los humanos, migran en busca de mejores condiciones para subsistir. Echan raíces, pero no conocen las fronteras, y son capaces de florecer con recursos escasos. ¡Cuánto nos pueden enseñar!

37

La historia recordará el caso de los cuatro hermanos colombianos, únicos supervivientes de un accidente aéreo, que permanecieron extraviados durante cuarenta largos días en la impenetrable selva amazónica, infestada de animales salvajes y plantas venenosas. La mayor de ellos, Lesly, de trece años, se ocupó de mantener a salvo a los otros tres, de nueve años, cuatro años y once meses respectivamente, de los incontables peligros que les acechaban en la espesura. Cuando se estrelló la avioneta en la que, junto a su madre y un amigo de la familia, viajaban desde el Caquetá a Guaviare, iban a reunirse con su padre, huido del resguardo indígena de Puerto Sábalo a raíz de las amenazas de la guerrilla.

La familia, perteneciente a la etnia *uitoto*, procedía de una remota población en el corazón de la selva, rodeada de terrenos pantanosos y maleza. Por ese motivo, durante los años treinta del siglo pasado, se había recluido allí a criminales peligrosos, pues nadie podía escapar de aquel presidio al aire libre sin firmar su sentencia de muerte. Los descendientes de los convictos aprendieron a desenvolverse en ese hostil entorno, lo que mantuvo viva la esperanza de hallar con vida a Lesly y sus hermanos. Había también buenos motivos para temer que algún grupo de indígenas sin contacto con la civilización los encontrara antes y los convirtieran en sus hijos, haciéndolos desaparecer para siempre en la verde inmensidad.

Ya casi se había perdido toda esperanza de traerlos de regreso y la opinión pública empezaba a asumir que, como en la famosa novela *La vorágine*, la selva los había engullido, cuando el decano de los *taitas* o chamanes del departamento reveló su paradero en el transcurso de una ceremonia sagrada que incluía la ingesta de ayahuasca, una planta con efectos psicoactivos. El anciano consultado expiraría poco tiempo después de desvelar la ubicación de los niños, no sin antes anunciar que la selva los protegía y cuidaba, y que estos habían sido maltratados por su progenitor. Aquella sorprendente acusación forzó una investigación policial, fruto de la cual el padre dio con sus huesos en la cárcel. Por si todo esto no fuera ya bastante asombroso, el rescate de los supervivientes coincidió con la desaparición de uno de los perros del ejército, que había participado activamente en la operación de salvamento y se había granjeado el afecto de la audiencia. Ese era el pagamento requerido, según el *taita*, para que la selva los dejara marchar.

A pesar de ofrecer un aspecto visiblemente cansado y presentar algunos síntomas de desnutrición, los cuatro hermanos no precisaron cuidados médicos en el momento de su rescate, lo que empañó su aureola de heroísmo e impidió presentar su caso como un episodio más de supervivencia al límite en la naturaleza salvaje. El testimonio de los menores y su repentina aparición arrojaban asimismo sombras de duda y restaban credibilidad a su relato de los hechos, en el cual había demasiados elementos mágicos como para resultar plausible. La aventura de los niños de la Amazonía, que nadie ha conseguido explicar del todo, pone a prueba nuestra capacidad de asombro y desafía el principio de realidad. Tengo la convicción de que este episodio de leyenda no ha dicho aún la última palabra.

38

Nadie que busque el eslabón perdido entre la sabiduría ancestral y la ciencia moderna puede dejar de maravillarse de que algunas plantas y hongos hayan desarrollado alcaloides psicoactivos similares a nuestros neurotransmisores, capaces de trastocar nuestra actividad cerebral, hasta el punto de abolir nuestra conciencia del tiempo y la escisión sujeto y objeto, haciendo que nos elevemos por encima de nuestra carne mortal y experimentemos una comunión mística con la naturaleza, dios o el cosmos. Pero cualquier intento de explicación de esos asombrosos fenómenos plantea nuevos interrogantes, aún más inquietantes, empezando por cómo es posible que lo más trascendente y sagrado se asocie con el inmanente y profano mundo vegetal. Admitir que las plantas conocen y explotan los anhelos más íntimos de la psique humana nos lleva a dudar de nuestra superioridad y primacía intelectual. La sola idea de que seamos víctimas de su astucia y sus estrategias de manipulación supone una enmienda a la totalidad de nuestras arrogantes convicciones y desafía nuestras seguridades más elementales.

39

Es cosa sabida que en las páginas de los viejos pergaminos, códices y otros tesoros bibliográficos crecen colonias de hongos microscópicos. Cuando los investigadores hojean esos manuscritos e incunables, a veces liberan sus esporas sin saberlo. Y por más que vayan pertrechados de guantes de látex o, incluso, mascarillas quirúrgicas, pueden padecer ligeros mareos, vómitos o, en el peor de los casos, alucinaciones. De ahí que los archiveros y bibliotecarios expertos tengan siempre a mano leche fresca para ofrecer un vaso a los incautos estudiosos que presentan síntomas de envenenamiento fúngico. Me pregunto cuántos eruditos debieron de experimentar en el pasado tales epifanías y revelaciones, mientras leían polvorientos libros olvidados en los anaqueles, y cuántos se volvieron adictos a esa peculiar forma de ebriedad que limita con la sabiduría.

40

El consumo de plantas y hongos sagrados para alterar y expandir la conciencia es una constante antropológica universal. En todas las épocas y sociedades se ha recurrido a ellos para transgredir los límites de la realidad y asomarse al Otro Mundo (éxtasis místicos, visiones espirituales, viajes astrales, entre otras experiencias cumbre). Tanto es así que, según algunos expertos, ese sería el origen de la religión. Como quiera que sea, está documentado el empleo ceremonial o ritual de sustancias de origen vegetal con propiedades psicoactivas, también conocidas como enteogénicas (del griego *éntheos*, que significa manifestar el dios o la divinidad interior), desde tiempo inmemorial, a lo largo y ancho del planeta. Está claro que nuestra historia sería muy distinta sin el concurso de la química vegetal.

41

Ninguna historia ejemplifica mejor la sacralidad de la naturaleza que la del maná (vocablo que deriva de la pregunta hebrea *man hu*, que significa «¿qué es esto?»). Ese manjar milagroso proporcionado por Yahveh permitió, según la Sagrada Escritura, al pueblo de Israel sobrevivir durante los cuarenta años que duró su travesía por el desierto del Sinaí. Detrás del «pan de los ángeles» caído del cielo se encuentra un fenómeno natural. El tamarisco, un arbusto adaptado a las ardientes arenas de Arabia, acoge en sus hojas a colonias de cochinillas que se alimentan de su savia. La planta exuda como reacción a las picaduras de los voraces insectos una dulce y aromática resina comestible. Esta asociación vegetal, animal y humano ilustra a la perfección el arte de hacer de la necesidad virtud y cómo lo sobrenatural se entrelaza con lo natural. Otras fuentes creen que el maná celestial pudo ser un liquen (*Lecanora esculenta*), un hongo o, incluso, la secreción de las propias cochinillas.

SOBRE LO ESPIRITUAL EN EL ARTE DEL JARDÍN O DE LA NATURALEZA SAGRADA

«Un auténtico jardinero no es alguien que cultiva flores: es una persona que cultiva la tierra […] Si llegara al paraíso, olfatearía el aire extasiado y diría: "¡Dios mío, esto sí que es humus!". Creo que se olvidaría de comer los frutos del Árbol del Conocimiento del Bien y del Mal; más bien buscaría el medio de birlarle a Dios Padre un poco de humus del paraíso. O bien se daría cuenta de que el Árbol del Conocimiento no tiene a su alrededor un arriate adecuado y se pondría a trabajar la tierra sin siquiera saber qué frutos cuelgan por encima de su cabeza».

KAREL ČAPEK,
EL AÑO DEL JARDINERO[10]

1

El relato bíblico consolidó la idea de la singularidad humana al establecer que fuimos creados «a imagen y semejanza de Dios». Y como seres trascendentes que éramos, la Tierra se hallaba a nuestra entera y completa disposición, y podía ser explotada con el beneplácito divino para satisfacer nuestros fines. Ese malentendido late tras la racionalidad instrumental, que ha desacralizado la naturaleza y cosificado a las personas. La tan absurda como nociva presunción de que cuanto existe, existe para nosotros, nos ha traído hasta aquí. Pero las parábolas evangélicas y las metáforas bíblicas admiten también una lectura en clave ecosistémica y biocéntrica. A fin de cuentas, las religiones mosaicas, surgidas en las sociedades agrarias del Medio Oriente, se sirven de símbolos e imágenes extraídos del mundo natural para hablar de la inefable trascendencia del yo y de la comunión con todo lo viviente. Buena prueba de ello es la cruz de madera, el símbolo por excelencia de la religión cristiana, que representa al árbol que conecta la tierra y el cielo.

2

En los jardines siempre se ha escenificado el drama de la finitud y la trascendencia, y la inexorable lucha entre la luz y la oscuridad. La historia de la jardinería registra el milenario diálogo entre nuestra condición terrenal y nuestras ansias celestiales. Desde la figura de Yahveh como *Divino Hortolano*, por usar la expresión de Dante, hasta la concepción de la biosfera como un enorme *hortus conclusus*, un jardín cerrado a escala planetaria, la religión no se ha alejado mucho de esos espacios cultivados. No es casual que, antes de ascender a los cielos, Cristo resucitado se apareciese a María Magdalena con el aspecto de un jardinero. Cuando ella lo reconoce, él pronuncia la célebre frase *«noli me tangere»* («no me retengas» o «no me toques»), que todavía resuena en la memoria cultural. Se podría llenar una pinacoteca entera con los cuadros que retratan ese momento estelar, así como una biblioteca con los libros que interpretan esa alegoría. Pero más allá de honduras teológicas y alturas artísticas, si el Redentor adopta el disfraz de jardinero es porque intercede entre la Tierra y el Cielo.

3

El milagro de la resurrección acontece a diario en el jardín: una semilla germina, una rama reverdece, las hojas brotan de nuevo. El reino vegetal, donde el pasado revive en el presente una y otra vez, es una fuente constante de asombro. Redescubrir la vida contemplativa (*bios theoretikós*) en la naturaleza nos conforta y cura de la herida del tiempo, y mantiene viva nuestra esperanza de renacer. Poco importa si eres creyente o escéptico, la utopía poética del jardín permite intuir lo divino en lo terreno y la presencia de lo sobrenatural en lo natural.

4

La etimología de la palabra «jardín» subraya asimismo su dimensión sagrada. El término «sacro» procede de la voz indoeuropea *sak*, que significa «separar», «delimitar» y «acordonar». Si, como ya hemos dicho, la cerca hace el jardín, también convierte ese trozo de tierra acotado para disfrute o provecho humano en un santuario. Así se entiende que, para no pocos ciudadanos del siglo XXI, su creación y cuidado se haya convertido en una terapia del alma y un medio de sanación psíquica. Puede servir de cura espiritual y contribuir a la *eudamonía*, un término griego cuya traducción más acertada es «florecimiento personal». Si uno lo medita detenidamente, en la experiencia del jardín se confunde el anhelo de retornar a la tierra con el afán de huir de la gris realidad, la añoranza del paraíso con el deseo de un mundo mejor y el impulso de trascender el ego y fundirse con la naturaleza con el gozo creativo y la expresión de uno mismo.

5

El jardín es una metáfora visual de la buena vida y un valioso documento de los sueños de perfección social. Responde con un discurso sensorial y simbólico a las preguntas esenciales que se hacen los seres humanos en cada época. Podemos contar su historia como la de una caja que va perdiendo una a una sus paredes y abriéndose progresivamente al paisaje circundante hasta fundirse con él. Al *hortus conclusus* o claustro medieval le seguirán cronológicamente los vergeles aterrazados de las villas renacentistas, que toman prestadas las vistas panorámicas y las incorporan a su diseño. En el siglo siguiente, los parques barrocos a la francesa se extenderán hasta el infinito gracias al empleo de la óptica y la geometría. Y la última pared de esa caja sagrada caerá cuando los románticos salten la valla y constaten que la naturaleza entera es un jardín.

6

El jardín se sitúa a medio camino entre Arcadia y Utopía, entre el mito y el ideal, entre el paraíso perdido y el prometido, entre la añoranza y la promesa. Tal vez su emoción fundacional sea la nostalgia de un glorioso pasado común, pero su razón de ser consiste en visibilizar un mundo en paz y armonía para todos.

7

Se podría definir el paisajismo como un esfuerzo por entender y recrear el idilio con la naturaleza. La parábola viva del jardín escenifica a lo largo de los siglos el diálogo —en ocasiones desafinado y otras veces armonioso, pero siempre sugestivo— entre la flora y la arquitectura para crear belleza.

8

Un jardín es un texto en permanente reescritura, en el que la sintaxis de las plantaciones realza la semántica del espacio. Su creación continúa indefinidamente. Puede que su materia prima sea mudable y efímera, pero tiene vocación de permanencia. En todo vergel logrado la belleza pasajera adquiere un aliento de eternidad.

9

El jardín se sirve de la prosa vegetal para trasmitir la poesía del mito. Su asunto no son las plantas, contrariamente a lo que podría pensarse, sino la belleza y el cuidado.

10

No basta con sembrar plantas, árboles y arbustos en un trozo de tierra para que este se convierta en un jardín o un parque digno de ese nombre. Los vergeles logrados poseen alma. La alquimia visual transmuta la naturaleza en espíritu y consigue que un espacio cultivado se convierta en una obra de arte viva.

11

La calidad de un jardín no se mide por su extensión, su riqueza vegetal o su ambición estética, sino por el significado y el bienestar que aporta a quien lo cuida. Esos «entornos de cariño» pueden ser grandes o pequeños, humildes o suntuosos, sencillos o estilizados, pero deben satisfacer nuestra necesidad de vínculos tangibles. Más que una burbuja en la que refugiarse de la realidad, los jardines son lugares donde soñar con una vida más hermosa y justa.

12

El único defecto imperdonable en un jardín es que no despierte emoción alguna. El desorden puede resultar atractivo; el abigarramiento, pintoresco; y la sencillez, grata, pero la banalidad nos deja por completo indiferentes. Un jardín solo merece ese nombre si, al traspasar el umbral de entrada, el corazón del visitante comienza a latir con más fuerza, sus sentidos se espabilan y se siente conmovido por la poesía del lugar.

13

El mejor jardín es el que transforma el ojo en oído: un regalo para la vista en música para el corazón. Aun cuando somos animales eminentemente visuales, la experiencia del jardín es multisensorial: todos los sentidos se confabulan para crear una sinestesia emocional.

14

¿Por qué hablar de jardinería habiendo tantos y tan acuciantes problemas y retos existenciales? Porque la experiencia del jardín ofrece un lenguaje universal, unos símbolos comunes y una narrativa compartida por todos los terrícolas, sin importar su lugar de procedencia, estatus, ideología o credo. Y por si todo esto no fuera suficiente, el verbo «ajardinar» trasmite tanto un ideal de vida como un proyecto de sociedad presidido por el cuidado y la belleza.

15

Las personas recurren a la jardinería en tiempos de emergencia ecosocial, no solo para corregir el déficit de naturaleza y sentido de la sociedad urbana, sino también para reencontrarse con la fantasía tangible de un mundo más hermoso y justo. Más que el anhelo de reconectar con la tierra, la *verdolatría* imperante evidencia la honda necesidad de que nuestras vidas tengan un propósito, lo necesitados que estamos de identificarnos con algo, de cuidarnos cuidando de otros seres vivos. Muchos de nosotros somos incapaces de imaginar una dicha completa sin el verdor de las plantas.

16

La fealdad y la belleza no existen en la naturaleza. Son categorías humanas. Ahora bien, la simetría facial y la armonía corporal representan en el mundo natural una garantía de buenos genes y la promesa de una saludable descendencia. Parafraseando al filósofo Spinoza,[11] podríamos decir que la belleza no es el premio de la salud sino la salud misma.

17

Durante siglos la belleza fue un atributo exclusivo de la naturaleza cultivada por las personas, mientras que, por el contrario, las tierras vírgenes eran percibidas como desagradables, hostiles, amenazantes. No se empezaron a apreciar estéticamente los paisajes salvajes e inalterados hasta entrado el siglo XVIII. A medida que fue abriéndose paso la sensibilidad romántica, la naturaleza no antropizada adquirió el atractivo del Edén perdido. La estremecedora y sublime belleza de los impenetrables bosques, de la majestuosa alta montaña y de los océanos inmensos se contraponía a la belleza clásica, asociada hasta entonces a la armonía, la justa proporción y la conveniencia. Es decir, a una métrica a escala humana.

18

Al contemplar el paisaje de nuestras vidas, a quién no le gustaría visualizar un jardín más que un erial, un páramo o una selva. He ahí una buena razón para comportarnos como jardineros durante nuestro tránsito por esta Tierra y afanarnos en convertir nuestro rincón del mundo en un vergel. Tener el coraje de embellecer y cuidar, al tiempo que aceptamos sin desánimo la futilidad de nuestros esfuerzos, resume esta ética jardinera.

19

Tanto un jardín como un huerto pueden ser un vergel, y ese trozo de tierra cultivada, a la par bello y útil, que reúne flores y frutos, se ha convertido en muchas tradiciones en un símbolo espiritual y una alegoría de la renovación interior y el perfeccionamiento moral.

20

El cultivo del jardín exterior es un buen medio para hacer lo propio con el jardín interior, pero la simple

repetición de los gestos de cavar, plantar, regar, podar…
no significa nada si no va acompañada de una
conciencia plena. El poder de transformación de esos
actos depende del espíritu con que los hagamos. Al
igual que las operaciones químicas para el alquimista,
el cuidado de las plantaciones representa una ayuda,
pero no es lo esencial de la jardinería espiritual.

21

Ibn Arabí cuenta la anécdota de un místico sufí que
practicaba la siembra espiritual. Tras cercar con un
muro bajo de piedra seca un recuadro de terreno
delante de su morabito, escardar y limpiar la parcela
y cubrirla con tierra proveniente de un santuario derviche,
se dedicó a contemplar con amorosa delectación cómo
germinaban las semillas traídas por el viento y las
aves. Fue cuestión de tiempo que el suelo se cubriese
de amapolas, cardos, verbenas, tomillos, artemisas
y retoños de sicomoro, sabina y otros árboles y
arbustos floridos.

Aunque en el curso de los años nunca se desentendió
de aquel espontáneo jardín, lo dejó a su aire sin
intervenir para nada en su desarrollo. Su bello desorden
y exuberancia contrastaban vivamente con el árido y
desolado paisaje circundante. A quienes le preguntaban
por su secreto, les confesaba que jamás había empuñado
una herramienta, y agregaba sin inmutarse que se había
limitado a cultivar su espíritu. Cuando al anciano
místico ya casi no le quedaban fuerzas y estaba a punto
de despedirse de este mundo, desmontó con
parsimonia, piedra a piedra, el murete perimetral.
Algunos de sus devotos seguidores creyeron ver en ese
postrer gesto su firme voluntad de borrar la artificiosa
e irreal línea divisoria que separa lo cultivado de lo
silvestre, la mente del cuerpo, la materia del espíritu.
Tampoco faltaron entre sus discípulos quienes creyeron

reconocer en el sinuoso dibujo de las plantaciones la grafía de la palabra «paraíso».

22

El jardín puede ser también un espacio mental, sin entidad física pero cultivable, como la conciencia, el carácter o el autoconcepto, donde plantar la simiente de la compasión, la serenidad, la lucidez… Esa experiencia interior de crecimiento y renovación es el propósito de una jardinería espiritual. Tal y como es el jardín, así es el jardinero.

23

La contemplación de un jardín es un acto de culto, una forma de orar en silencio, de practicar la comunión animista con la naturaleza. Lo mismo podría decirse de su creación, que emula la fundación del mundo y el nacimiento del cosmos a partir del caos. Esta experiencia, que merece ser descrita como espiritual, es lo más cerca que muchos de nosotros estaremos de la divinidad. ¿Es posible que dentro de cada jardinero haya un místico que pugna por salir?

24

Maravillarse ante la belleza de la naturaleza representa una versión secular de la iluminación espiritual. El asombro reverencial que nos causan un bosque primario o un jardín logrado, despierta en nosotros un sentimiento que podríamos calificar de religioso. No solo porque nos religa con todo lo viviente y nos persuade de formar parte de algo más grande que nosotros, sino también porque dilata nuestro corazón y ensancha nuestra mente para

que podamos aceptar lo que escapa a nuestra
comprensión.

25

El sentimiento de participación en la naturaleza
consuela y redime de la soledad cósmica al animal
humano, que se siente perdido en un vasto universo
sometido a ciegas, gigantescas e impersonales fuerzas.
Saber que formamos parte de una trama universal
nos alivia de nuestra insignificancia y pequeñez, y
colma nuestra ansia de eternidad.

26

No podremos deshacernos de Dios, parafraseando al
filósofo Nietzsche, mientras sigamos creyendo en la
Naturaleza. Para muchas personas que poseen una
visión espiritual del destino humano, esta se ha vuelto
una fuente de consuelo, sentido y trascendencia. Cuanto
más desengañadas se sienten de la sociedad, mayor es su
clorofilia. La voluntad de resacralizar el mundo late tras
su veneración a la naturaleza, convertida en una
alternativa o un sustituto de la experiencia religiosa.

27

La ecología, convertida en la religión natural por
excelencia, honra e invoca a Gaia como Diosa Madre,
a diferencia de las religiones del Libro, que veneran e
imploran la gracia de Dios Padre. Mientras que para los
adoradores de este último nuestra morada definitiva se
halla en los Cielos, para los devotos de aquella nuestra
única patria es la Tierra. No obstante, los amigos del
desierto y los amantes del jardín comparten una

vocación ecuménica. Poco importa dónde hayas nacido y cuáles sean tus antepasados, nadie es forastero en nuestro mundo.

28

Se equivocan quienes leen las metáforas de las tradiciones religiosas en un sentido literal y las toman por hechos verídicos o, por el contrario, cuentos infantiles. A los creyentes fanáticos, no menos que a los ateos empedernidos, les cuesta entender la poesía del mito y su capacidad de reencantar el mundo.

29

El 27 de mayo de 1610 tuvo lugar en la villa de Durango una quema de brujas. Tres mujeres de la localidad, con fama de elaborar bebedizos y ungüentos con yerbajos para evitar embarazos y conseguir amores, fueron acusadas de invocar a Satanás y hechizar a los vecinos. El Tribunal del Santo Oficio las condenó a acabar sus días en la hoguera. Mientras las llamas consumían la pira, el cielo se oscureció y, de repente, descargó una violenta tormenta que sofocó el fuego inquisitorial. En medio del desconcierto general, una de las ajusticiadas, de nombre Uxue, que aún no había perecido ahogada por el denso humo, consiguió desligarse de las ataduras y huir hasta un robledal cercano.

Aquella noche llamó a la puerta de un caserío pidiendo comida. El aldeano que le abrió, nada más ver su rostro oscurecido por el hollín y sus ropas chamuscadas, exclamó: «¡Pecadora, vuelve al infierno que es tu sitio!». Uxue se escapó corriendo y, al cabo de unos días, famélica y exhausta, se acercó en busca de ayuda a una gruta habitada por un ermitaño. Se plantó delante del anciano, que estaba vestido con un raído hábito monacal, y lo abordó del siguiente modo: «Soy tu Madre celestial, concebida sin pecado. He descendido a la Tierra para amonestar a los hombres por sus faltas. ¡Mira mis ojos llorosos y mis carnes ensangrentadas! ¡Déjame entrar y auxíliame!». El piadoso monje se postró en tierra ante sus pies y no dudó en socorrer a la bruja prófuga, reconvertida en Virgen María. Al cabo de unas cuantas jornadas, esta recobró las fuerzas y se fue como había venido.

En aquel recóndito paraje se levanta hoy en día una ermita consagrada a la Virgen Negra de Uxue. Según la creencia compartida por muchos devotos peregrinos que se desplazan hasta allí, la fuente de aguas sulfurosas que mana en el interior de la gruta posee virtudes curativas. Los hechos documentados y las fabulaciones se amalgaman de tal modo en esta historia que solo cabe pensar que la realidad es más extraña e inverosímil que la ficción.

30

Los que intentan reemplazar la religión por la ciencia no entienden que la búsqueda sin término de la verdad conlleva vivir en el asombro permanente, en la tácita aceptación del misterio y la veneración de la naturaleza. Esto es lo que representa la esencia de la religión. No faltará tampoco quien piense que, para escapar a la desesperación, el sinsentido y el absurdo de la existencia, los seres humanos inventaron la figura de Dios: una mentira consoladora, una fantasía compensatoria.

31

Podemos descalificar la religión considerándola una etapa superada de la evolución humana (Nietzsche), un vestigio del pensamiento mágico primitivo

(Comte), una ideología alienante y el opio del pueblo (Marx). Pero cuando no hay nada santo, acabamos adorando el dinero, la imagen, el ego, la patria…

32

Cada vez que intentamos imaginar otra forma de pensar y vivir terminamos fundando un nuevo credo religioso. Las religiones llevan siglos, cuando no milenios, celebrando el sentimiento de pertenencia a una comunidad de almas. Sus seguidores se sienten parte de una red sacramental de dones, ofrendas y misterios, que otorga significado y valor a sus existencias individuales y los integra dentro de un relato más amplio, que une a los que se fueron con los que vendrán, al pasado con el futuro, a la vida con la muerte. Desde esa perspectiva, las confesiones religiosas se parecen a los macroorganismos, que son más resilientes e inteligentes en su totalidad que el más inteligente y resiliente de sus miembros.

33

Arón abandonó su casa y partió en busca de la iluminación. Su febril persecución de la sabiduría lo condujo tras los pasos de profetas, santones y gurús de toda ralea y condición. Había perdido la cuenta de los años que llevaba peregrinando infructuosamente en pos de la verdad, cuando conoció a un anacoreta retirado en los desiertos de Siria. Después de interesarse por su caso, el venerable anciano le confesó que no tenía la respuesta que andaba buscando. Con todo, le dijo que le gustaría plantearle algunas preguntas que, probablemente, no se había hecho en su largo peregrinar y, sin contemplaciones ni rodeos, lo interrogó del siguiente modo:

—Sincérate, ¿qué persigues?

—El conocimiento verdadero.

—Vanidad.

—La paz de espíritu.

—Orgullo.

—Una vida más significativa.

—Santa inocencia.

De esta guisa siguieron dialogando durante un rato más, hasta que Arón se rindió a la insistencia de su interlocutor y admitió:

—Solo Dios lo sabe.

—Ve en su busca, entonces.

34

La espiritualidad es, o debiera ser, la conciencia de la unidad plural de la vida en la casa común del mundo. Esa fraternidad universal es la matriz de la religión natural. Más allá de confesiones y credos, necesitamos fortalecer los lazos de pertenencia a la gran familia humana, extender el arraigo de la patria chica a la *matria* terrestre y ampliar el sentimiento de comunidad hasta abarcar el planeta entero y a todos sus moradores. Como escribió León Tolstói, «la verdadera fe es una: amar todo lo que vive».[12]

35

Todas las tradiciones espirituales nos recuerdan que no somos *solo* nuestra mente, nuestra conciencia, nuestro yo… Somos más que nuestro cuerpo, nuestro cerebro, nuestra carne mortal… Ese palpitante no sé qué, que define nuestra naturaleza esencial, puede sentirse, pero no explicarse. Quien contempla esa realidad última y trascendente despierta espiritualmente, experimenta la iluminación y comprende que es uno con el Todo, parte del Ser que integra a todos los seres.

36

Algunos oyen los cantos de los ángeles en los trinos de los pájaros. Otros perciben la presencia del Creador en la espesura de los bosques. Y no faltan quienes ven reflejadas en la belleza de las flores las promesas del Reino de los Cielos. Tanto da si Dios es la Naturaleza o viceversa.

37

Pocas personas perciben la ironía inherente al hecho de que tanto la mística como el ateísmo concedan más valor a la vivencia que a la fe, y prefieran relacionarse con la realidad sin intermediarios. Así se entiende que Friedrich Nietzsche afirmase provocadoramente: «Soy místico y no creo en nada». El genial autor de *Así habló Zaratustra* no es el único ateo místico, ni mucho menos. Creyentes o escépticos, lo que distingue a los místicos es que abrazaron con el mismo fervor a Dios o a la Nada, en un vano intento de abolir la escisión entre objeto y sujeto y sanar la herida de la dualidad mediante la fuerza unificadora del amor.

38

Todos los vivientes que moramos en este mundo estamos entretejidos por los lazos sutiles del amor divino, el espíritu cósmico, la composición atómica, los cuantos de energía o el código genético. Formamos parte de un mismo macroorganismo terrestre, del que participamos todos y en el que todo confluye. Esa «unidad primordial», «sustancia única», entre otras expresiones usadas por los filósofos a lo largo de los siglos, pone de manifiesto que nada ni nadie está aislado, pero tampoco es superior a otro.

39

Según la Cábala, fragmentar es la principal estrategia
de Satán. Por la misma razón, la conexión, el amor y la
conciencia de la unidad tras la diversidad caracterizan
la espiritualidad en todas sus manifestaciones. No es
menos cierto que, tanto como hallar correlaciones,
conocer exige dividir, descomponer o diferenciar. A la
luz de estas apreciaciones, cobra todo su sentido el viejo
proverbio: «Hay que tragarse al diablo para ver a Dios».

40

Del mismo modo que la condición de creyente no
nos exonera de la responsabilidad de pensar por nosotros
mismos, declararnos ateos o escépticos tampoco
nos dispensa de cultivar nuestra dimensión espiritual.
Dejando aparte la estéril discusión de si Dios es una
creación humana o viceversa, para la mayoría de las
personas ser es ser en conexión.

41

El pecado original de la humanidad consistió en
renunciar al nomadismo por el sedentarismo, con la
consiguiente expulsión del Paraíso y la Caída en el
Tiempo. A lo largo de la historia, el arte del jardín ha
dado forma al ancestral anhelo de recobrar la unidad
perdida con la naturaleza, que aún perdura en la mujer
y el hombre civilizados. De ahí también que un lejano
eco de religiosidad animista resuene en esos
fragmentos del Edén que son todos los jardines.

42

Todos nuestros empeños y desvelos espirituales, desde
el arte hasta la ciencia, pasando por la filosofía,

traslucen nuestra nostalgia de un tiempo anterior al tiempo, cuando nuestros antepasados aún no eran presas del deseo y tampoco experimentaban necesidad alguna de embellecer la realidad. En ese estado de beatitud anterior a la caída, la Tierra entera era un jardín donde, según cuentan las leyendas, los animales podían hablar y las rosas carecían de espinas.

43

Atribuir la maldad humana a nuestra condición animal, como han hecho algunas tradiciones religiosas, parece la irónica consecuencia de la pérdida de la gracia vegetal, la expulsión del Jardín y la ruptura de la alianza con la naturaleza.

44

Quien planta un jardín se autoimpone la obligación de cuidar y, con ello, de cuidarse. La solución a la emergencia climática pasa por que los humanos se vean como guardianes del jardín planetario, pues uno acaba amando todo lo que cuida.

45

En un pasaje de los Evangelios apócrifos, Jesús comenta que no hemos sido expulsados del paraíso, que todavía vivimos en él, que la Tierra es el Jardín que, por culpa del pecado, ha permanecido oculto a la vista de todos. En suma, el Amor nos devuelve la visión y el mundo se nos revela en toda su deslumbrante belleza.

46

Preferimos hablar de recursos ecosistémicos en vez de dones, de responsabilidad medioambiental en lugar de gratitud, y de sostenibilidad y no de compasión, para evitar referirnos a la sacralidad de la naturaleza. Toda la palabrería sobre el desarrollo sostenible, la economía circular y la cultura regenerativa corrobora a menudo una visión utilitarista y pragmática de la biosfera, y nada dice acerca de cómo restaurar nuestra relación espiritual con los otros vivientes.

47

Los términos con los que nos referimos a los entornos naturales: paisajes protegidos, áreas de interés biológico, fuentes de servicios ecosistémicos, parques nacionales, infraestructuras verdes, reservas de la biosfera y demás, carecen de poesía y revelan nuestra visión instrumental y recreativa de la naturaleza, convertida en un bien de consumo o un puro decorado.

48

Los ninfeos constituyen uno de los elementos arquitectónicos más característicos de los jardines desde tiempos de los romanos. Estos se aficionaron a construir en sus villas cámaras, criptas, antros y cavernas artificiales, con las paredes decoradas con grutescos, a modo de santuarios donde venerar a esos espíritus de la naturaleza. El arquetipo de esa clase de obras fue el *Amalthaeum* creado por Ático en honor a la ninfa Amaltea, la nodriza del poderoso Zeus, padre de los dioses, en su casa de campo.

Esos evocadores escenarios, a imitación de los clásicos y con resonancias platónicas, gozaron de un gran predicamento durante el Renacimiento. Tanto es así, que el ilustre tratadista León Battista Alberti recomendaba en *De re ædificatoria* (1485) la construcción de ninfeos y otros dispositivos visuales para realzar la regularidad y armonía de las villas campestres. El prestigio de aquellas grutas encantadas no decaerá en el Barroco, convertidas en los bastidores de la gran representación teatral y metafísica que son los parques formales a la francesa. Tampoco es casual que el ocaso de estas escenografías jardineras coincida en el tiempo con el apogeo de los invernaderos. Conforme avanzaban la ciencia positiva y la tecnología, las visiones poéticas fueron revocadas por las explicaciones racionales, y se impuso una concepción materialista, pragmática y desencantada de la naturaleza. Así fue como los invernaderos se convirtieron en los ninfeos de la era industrial. Algo del telúrico magnetismo de aquellos aposentos de roca pervive en las nuevas construcciones de hierro fundido y cristal: la luz difuminada, la humedad ambiente y la protectora atmósfera equiparan los unos a los otros.

Las personas que acuden a estos lugares de acogedora quietud y recogimiento tal vez vayan buscando una inefable sensación, no muy diferente de la que deparaban las moradas de las ninfas a nuestros antepasados. A pesar de que los invernaderos ensalzan el progreso tecnológico y celebran el conocimiento científico, o tal vez a causa de ello, se convierten en un santuario dedicado a la gozosa contemplación de las maravillas vegetales y al descubrimiento de la misteriosa vida de las plantas. En pocos lugares se experimenta un asombro más consciente e intenso por la naturaleza que en esos templos de la curiosidad botánica de los que han sido expulsadas las ninfas, pero no su magia.

49

En ninguna otra empresa han colaborado tantos países como en la creación del banco internacional de semillas

(2008) en la remota isla de Spitsbergen, perteneciente
al archipiélago noruego de Svalbard, situado cerca del
Polo Norte. En la Bóveda del Fin del Mundo, como
se conoce popularmente a esa moderna Arca de Noé, se
preservan a una temperatura constante de -18 °C
semillas provenientes de todas las latitudes,
seleccionadas y modificadas desde los albores de la
civilización para satisfacer la necesidad de sustento
de la gran familia humana. Semejante tesoro de
germoplasma garantizaría la seguridad alimentaria en
el caso cada vez menos improbable de catástrofe
medioambiental, o de cualquier otro tipo. No faltará
quien vea este proyecto como el primer *tecnosantuario*
de un nuevo culto a la Madre Tierra a fin de que nos
proteja de nosotros mismos.

50

Independientemente de que seamos creyentes o
escépticos, todos poseemos una dimensión espiritual a
la que conviene atender de forma consciente, a fin de
conjurar el riesgo de acabar inconscientemente
rindiendo culto a falsos ídolos como el dinero, la patria
o el yo. Cuando expulsamos lo sagrado de nuestras
vidas, corremos el peligro de llenar ese vacío con
creencias intrascendentes y acabar venerando el
estatus, la imagen o la fama.

51

La afirmación de Cristo de que el Reino de los Cielos
se encuentra dentro de nosotros presupone que ni el
paraíso perdido ni el cielo prometido, de los que el
jardín es un esbozo, existen fuera de nuestro espíritu.

52

Un reconocido ateo como Bertrand Russell escribió que «el secreto de la felicidad es el entusiasmo».[13] Una afirmación no exenta de ironía, si pensamos que la palabra entusiasmo proviene del vocablo griego *enthousiasmós*, que significa «inspiración» o «posesión divina».

53

Se ha documentado la existencia de más de cien mil cultos diferentes. La espiritualidad representa una constante antropológica. Con independencia de que veamos a Dios en todas partes o en ninguna, este ubicuo monosílabo ha sido sustituido en la tardomodernidad por el clic de los dispositivos electrónicos, lo que dice mucho de nuestra búsqueda de sentido.

54

Conocemos cientos de marcas comerciales, pero ignoramos el nombre de los árboles. Pasamos cada vez más horas delante de las pantallas, pero prestamos poca o nula atención a las flores, los pájaros, los insectos… Vivimos pendientes de fantasías digitales, al tiempo que nos desentendemos de las realidades naturales. El mundo está cada vez más superpoblado de imágenes y palabras, pero más vacío de significados.

55

Hay algo irónico y revelador en que nuestra descreída e impía sociedad de la abundancia y la desmesura glorifique la riqueza, santifique el principio de placer y rinda culto al yo. Y por si esto fuera poco, convierta en artículo de fe la inexistencia de la verdad. Necesitamos un nuevo credo, alternativo a la religión del consumo, que nos infunda el fervor para creer que otro mundo es posible.

56

La pobreza voluntaria y la simplicidad de corazón, a las que aspiraba la tradición espiritual cristiana, no se hallan lejos de la sobriedad feliz y el ascético decrecimiento por el que aboga una parte del ecologismo más comprometido con la transformación de nuestros patrones de producción y consumo. Poco importa cómo cada cual intenta mitigar el dolor y la fealdad del mundo, ya sea meditando o militando: el esfuerzo solo transcenderá si nos trascendemos a nosotros mismos.

57

Otro sermón de la montaña

Bienaventurados los que no esperan nada,
los que carecen de certezas, los que dudan,
y así y todo, siguen amando con una alegría sin sombras,
porque suyo será el reino de este mundo.

Bienaventurados los que abren los ojos, la boca
    y el corazón,
deslumbrados por el misterio de la vida
y, mudos de asombro, callan para ver,
porque ellos entienden lo que no tiene cabida
    en las palabras.

Bienaventurados los que eluden las definiciones
    y las etiquetas,
y se saltan las barreras y las convenciones,

los que abrazan lo común y se regocijan con lo
    diferente,
porque vivirán sin fingimientos ni ataduras.

Bienaventurados los que sustituyen el yo por el
    nosotros,
los que ven en los nadie a sus prójimos
y en los alguien a uno cualquiera,
los que experimentan la beatitud de la insignificancia,
porque nunca más estarán solos.

Bienaventurados los que no buscan la salvación,
los que no confunden sus deseos con la realidad,
los que no se mienten para poder seguir creyendo,
porque dejarán de lamentarse y temer por lo que no es.

Bienaventurados los que escapan de la celda del ego,
los que se liberan de las ataduras del deseo,
los que suspenden la razón y escuchan cómo palpita lo
    real,
porque experimentarán el éxtasis de respirar.

Bienaventurados los que cultivan la compasión
allá donde se encuentren,
los que cuidan el jardín de su conciencia,
los que anhelan ser uno con todo lo que vive,
porque no les podrá arrebatar nada la muerte
y suya será la gloria eterna.

ESCUCHARNOS PARA SER
O DE LOS DONES DEL SILENCIO

«Para venir a lo que gustas
has de ir por donde no gustas.
Para venir a lo que no sabes
has de ir por donde no sabes».[14]

SAN JUAN DE LA CRUZ,
EL MONTE DE PERFECCIÓN

«Cuando pronuncio la palabra Silencio,
lo destruyo».[15]

WISLAWA SZYMBORSKA,
LAS TRES PALABRAS MÁS EXTRAÑAS

1

La presencia de una persona sola y absorta en sus pensamientos, que no sostenga en sus manos un *smartphone* u otro dispositivo electrónico, nos resulta en la actualidad extraña, sospechosa e intimidante, como si el recogimiento interior y el aislamiento, voluntariamente escogidos, transgredieran un tácito mandato o una ley no escrita de la convivencia en esta sociedad de masas sonámbulas y solícitas, entontecidas y manipulables, de *voyeurs* y exhibicionistas que parecen actuar para una cámara invisible, al dictado de algoritmos que ignoran obedecer.

2

Nos hemos vuelto demasiado impacientes para prestar atención, escuchar con calma y contemplar las maravillas naturales, pero soportamos impasibles que expropien nuestros datos, nos roben el tiempo y manipulen nuestras emociones. Frente al parpadeante espejismo de las pantallas, el jardín, el huerto y el bosque representan una realidad tangible.

3

Nos vemos expuestos a un bombardeo continuo de estímulos que embota nuestra conciencia, cortocircuita nuestro diálogo interior y nos impide pensar. En los ensordecedores tiempos que corren, la reivindicación de la filosofía, lejos de ser un asunto menor, representa una cuestión de pura supervivencia. Si no reforzamos nuestro sistema inmunológico intelectual, debilitado por semejante avalancha de información imposible de procesar, no podremos defendernos de los cada vez más sofisticados y sutiles medios de captar nuestra

atención, manipular nuestras emociones y someter
nuestra voluntad, y nos contagiaremos de la
irracionalidad egoísta que transmiten. La creciente
pérdida de la capacidad de hablar con uno mismo y
con los otros evidencia algo más que un
empobrecimiento espiritual: plantea una amenaza
existencial. Si el actual amanecer tecnológico supone
un ocaso ético, el sol no lucirá en el mañana digital,
y a ese progreso solo cabrá calificarlo de inhumano.

4

En la modernidad tardía, una de las mayores pruebas
del espíritu a las que alguien puede someterse es, sin
género de duda, un ayuno digital. Mantenerse alejado
de las pantallas y las redes sociales por un tiempo
prolongado sería el equivalente contemporáneo a un
retiro en el desierto o el bosque. Y al igual que
en épocas pasadas, este aislamiento voluntario
tendría como propósito liberarnos de las ataduras
y reencontrarnos con quienes somos, no sin antes
enfrentarnos a nuestros demonios internos.

5

Después de colonizar la superficie terrestre y ocupar
hasta el último rincón del globo terráqueo siguiendo la
llamada del horizonte, los miembros de nuestra especie
se las ingeniaron para encontrar nuevas tierras vírgenes
en el mundo virtual, mientras soñaban con la conquista
del espacio exterior. Pero esta avanza a un ritmo
demasiado lento como para que *terraformar*
exoplanetas y establecer colonias humanas en otros
lugares de la galaxia pueda representar, a corto plazo,
una solución viable a la entropía climática. No obstante,
existe una dimensión psicoespiritual que todavía no

hemos explorado lo suficiente. Hay un lugar por descubrir en el fondo de nuestro ser, más allá de la subjetividad y de los límites del yo. La introspección constituye la última frontera del conocimiento, además de nuestro horizonte de posibilidades.

6

Toda revolución duradera empieza por cambiar el enfoque de la mirada para ver la realidad desde una perspectiva distinta, bajo una luz nueva y con otros ojos, por volver a experimentar asombro al contemplar lo que tenemos delante y maravillarnos ante lo que dábamos por sabido. Resulta ilusorio pensar que podemos transformar la realidad sin transformarnos a nosotros mismos.

7

Basta focalizar la atención en algo para que se torne infinito y nos invada el vértigo de la eternidad. La concentración radical abre un canal de comunicación con lo trascendente. Esa idea fue expresada por Simone Weil con estas palabras: «La atención absolutamente pura es oración».[16]

8

En muchas tradiciones religiosas se acostumbra a repetir hasta la saciedad una jaculatoria, una invocación o un mantra, a fin de cortocircuitar el monólogo interior y vaciar la mente para que pueda colmarse con la gracia y la paz interior. Cuando esa oración, piadosa o no, pasa de los labios al corazón, se alcanza la plenitud espiritual.

9

Por muy escéptica, impía y materialista que parezca
nuestra sociedad, la plegaria no ha perdido su vigencia.
Dicho de otra manera, tan provocadora como
contundente, los practicantes de la meditación
trascendental, el *mindfulness*, los baños de bosque, el
running y la jardinería, entre otras muchas técnicas
para ejercitar la atención plena y el recogimiento
interior, oran. Sus informales rezos tal vez no vayan
dirigidos al Señor, pero buscan las bendiciones de la
comunión espiritual, persiguen la gracia interior.

10

Entre el pensar y el actuar se sitúa la vida
contemplativa, que permite obrar sin hacer. Las
palabras rompen la plenitud del silencio en que todos
los pensamientos se ponen de acuerdo y la unidad se
sume en el mutismo. Sin atención plena, no hay
plenitud posible.

11

Los silencios de la página escrita

Hay colores que no vemos,
sonidos que no oímos,
emociones que no tienen cabida en las palabras,
ideas que no se dejan atrapar.

Hay un blanco por detrás del blanco,
un silencio más profundo que la ausencia de ruido,
un sentimiento para el que no existen adjetivos,
un abismo que separa a dos cuerpos abrazados.

Hay una historia que discurre entre líneas,
una música que solo parecen escuchar los retratos,
una ausencia más íntima que la piel,
un vacío con nombre propio,
un secreto compartido,
un mudo estrépito.

12

Una vasta literatura sapiencial atestigua que meditar
significa justo lo contrario de pensar, la inacción es lo
más opuesto a la parálisis y la lucidez representa
exactamente la antítesis del convencimiento. Cuando
las certezas desaparecen como pisadas en la nieve,
empieza el camino de los sabios.

13

Se puede meditar tanto vaciando la mente de ideas
reflejas, como guiando el pensamiento hacia la verdad
íntima, tanto dialogando sin tapujos ni rodeos con
uno mismo, como enclaustrándose en el silencio
interior. Se pueden experimentar el éxtasis y la gracia
fijando, a veces, los cinco sentidos en lo que tenemos
delante y, otras, volviéndolos hacia dentro. Ambos
caminos, que trascienden la disociación entre objeto
y sujeto, razón y emoción, cultura y natura, son una y
la misma vía de autoconocimiento.

14

En el jardín desordenado de nuestra mente los
pensamientos intrusivos zumban como abejorros
soñolientos. Quién sabe si son parásitos o polinizadores.

15

Nuestra mente jamás descansa, ni siquiera cuando duerme. Consciente o inconscientemente, siempre estamos haciendo juicios, elucubrando ideas, evocando recuerdos o ensoñando posibilidades. La red neuronal se mantiene activa por defecto, incluso cuando no pensamos en nada concreto. Está claro que no podemos salir de nuestra cabeza, pero no tenemos por qué ser prisioneros de nuestras cavilaciones.

16

Hablar con uno mismo o silenciar el pensamiento, callar para ver o escucharnos para ser, son dos formas distintas y complementarias de practicar la meditación y el retiro mental, imprescindibles para cualquiera que aspire a mantenerse lúcido en un mundo de sonámbulos. «Quien añade ciencia, añade impaciencia»,[17] escribió Baltasar Gracián en el Siglo de Oro, pero no es menos cierto que quien suma autoconocimiento resta insatisfacción.

17

Si nada consideras propio, nada te pueden arrebatar. Para quien no se cree merecedor de distinciones, todo representa un regalo. Si te acostumbras a ver el lado bueno de cuanto te sucede, caminarás ligero. Una existencia infortunada no es una existencia llena de infortunios, sino aquella vacía de significado. Quítate de la cabeza la idea de que las cosas deben ser de tal o cual manera y te ahorrarás padecimientos. Ríete cuando la vida se burle de tus absurdas pretensiones frustrándolas. La adversidad nos brinda la oportunidad de demostrar que somos dueños de nosotros mismos.

18

Se puede disponer de bienes materiales, títulos y destrezas y, al mismo tiempo, ser un absoluto inepto para la vida. La sabiduría existencial no se adquiere a fuerza de acumular, poseer o apropiarse, sino de prescindir, soltar, liberarse.

19

Entre las anécdotas zen más conocidas destaca este breve diálogo entre un anciano monje y un novicio aventajado:

—¿Dónde comienza el camino de la verdad, maestro?

—Liberándote de los grilletes forjados por tu mente.

—¿Y cómo se hace eso?

—Escapando de la celda del yo para ser tú mismo.

20

Para desesperarse, primero hay que esperar. Cuantas menos expectativas alientes, más espacio libre dejas en tu corazón a la compasión. Nunca somos más nosotros mismos que cuando nos liberamos del ego. Ni estamos más presentes que cuando perdemos la conciencia del tiempo transcurrido. Ni somos más dichosos que cuando intentamos aliviar el sufrimiento ajeno.

21

Aun cuando no haya consenso sobre lo que significa ser bondadoso, estaremos de acuerdo en que solo alguien sensible al dolor ajeno y dispuesto a combatir

los privilegios inmerecidos y el olvido de las víctimas
merece ese calificativo. La bondad no es solo una
categoría ética, sino también un atributo de la
inteligencia. Y tiene menos que ver con la rectitud
moral que con la escucha atenta.

22

Estar atentos, escuchar sin enjuiciar ni distraerse,
representa uno de los actos más difíciles y radicales
en un mundo polarizado. Se trata de un gesto de
compasión y serenidad al alcance solo de aquellos que
están presentes, se hallan despiertos y dan más valor
a entenderse con el otro que a salirse con la suya.
Sobra decir que esos interlocutores no tienen por
qué ser humanos.

23

El cultivo de un jardín o un huerto puede ser concebido
como una práctica meditativa. Concentrarnos en el
cuidado de las plantas, del mismo modo que en la
respiración o la postura, nos ayuda a estar presentes,
acallar el runrún de nuestra mente y retornar a la vida
de los sentidos. Como en el yoga, el taichí o las artes
marciales, la actividad física se halla al servicio de un
propósito espiritual. El contacto con la naturaleza
facilita la fotosíntesis anímica de transformar la luz y el
silencio en el sustento de nuestras vidas, en la energía de
nuestro ser y el oxígeno de nuestra mente.

24

Una parcela y una mente cultivadas aspiran a
convertirse en un remanso de paz. Ese también es el

mensaje encerrado en esta historia, que bien podría titularse «El jardinero propone y la naturaleza dispone».

Una genia del lugar, con briznas de hierba seca en la rizada melena y el rostro manchado o, mejor sería decir, ungido de tierra, se presentó un buen día a un humilde jardinero que se esforzaba por crear un vergel en un pedregoso terreno y le preguntó condescendiente:

—¿Por qué aquí?

—La poesía del lugar.

—Pero si es un suelo tan pobre que únicamente crecen malezas y espinos silvestres que no se dejan cultivar.

—Por eso mismo.

La genia esbozó una sonrisa y, dándose por enterada, se fue por donde había venido, mientras su esforzado interlocutor volvía a doblar el espinazo.

25

La jardinería, entendida como una meditación encarnada, permite al mismo tiempo refugiarse y participar del mundo, contemplar e intervenir en la naturaleza, ser uno mismo y olvidarse de sí, salir al aire libre y practicar la introspección, todo ello sin caer en contradicciones ni traicionarse.

26

Al menos una vez en la vida, debemos recorrer el laberinto que conduce a nuestro centro, si no queremos sentirnos perdidos en el dédalo del mundo. Esa experiencia iniciática forma parte de lo que podríamos llamar «psicomagia de los jardines». Si te buscas en las miradas ajenas, te extraviarás en un laberinto de espejos. Si no ves a los otros, te perderás en la oscuridad del corazón. La atracción del laberinto es tan poderosa como la del abismo, acaso porque en las profundidades de nuestro ser se ocultan ambos.

27

Nuestra mente solo puede quedarse en silencio si no tenemos nada que escondernos a nosotros mismos. Para disfrutar de la compañía de uno mismo y perder el miedo a la soledad, debe haber también alguien en alguna parte con quien ser plenamente honestos.

28

Hay cosas en este mundo que no tienen cabida en las palabras, que no logran expresarse con las metáforas gastadas del pensamiento o la ciencia, que únicamente se pueden experimentar, vivir, encarnar. Esas son las esenciales.

29

En el Japón medieval, el monje itinerante Natsume Santôka[18] creó tanto jardines efímeros como haikus. Conservamos muchos de estos últimos, pero nada sabemos de cómo eran aquellos. Eso sí, un eco de su delicada belleza perdura en las leves composiciones del maestro, que celebran el nomadismo espiritual y cantan la poesía del paisaje. Sirva de ejemplo este poema:

La voz del cielo
se escucha en la caligrafía de las nubes

que arrastra el viento.
O aquella otra memorable estrofa:

Pétalos de camelia blanca
como pisadas en la nieve
desaparecen sin dejar rastro

Con tres pinceladas sueltas Santôka describe una
escena que capta el aliento de la naturaleza y atrapa la
emoción de un instante eterno. Toda su filosofía se
halla capturada en estos versos:

Si cultivas,
siempre tendrás un lugar
hacia el que volver la mirada.

ECHAR RAÍCES EN OTRA PERSONA O DEL AMOR

«Un compromiso de amor es un drama en el cual los actos son muy cortos y demasiado largos los entreactos; para llenar ese vacío es necesario echar mano de los recursos del espíritu».[19]

NINON DE LENCLOS,
CARTAS

«No gusta de vivir, sino que vive de gustar».[20]

BALTASAR GRACIÁN,
EL CRITICÓN

1

Cuanto más desencantados nos sentimos del mundo y más decepcionados de nuestros semejantes, mayor es nuestra ansia de ser amados, de encontrar entre todas a esa persona especial, insustituible y extraordinaria que nos complete, redima de la soledad y transporte a un estado de beatitud. Esa insensata esperanza, ese maravilloso imposible constituye el acontecimiento inaugural de una nueva vida. El enamoramiento colma a la vez la necesidad de fusión y el deseo de ser únicos que laten en nuestro interior. «La fantasía de dar a otro lo que no se tiene, a la espera de recibir del otro lo que no posee»,[21] en palabras del psicoanalista Jacques Lacan, mueve el sol y las estrellas de nuestra pequeña galaxia. Quien lo probó lo sabe.

2

Se puede ser un experto amante sin entender el significado profundo de amar: la experiencia comunicativa más sublime e intensa, gracias a la cual los humanos trascienden su condición animal. Cuando hacer el amor se reduce a colmar el deseo, aliviar la tensión instintiva, apuntalar la autoestima o incrementar el capital libidinal, la piel no representa una apertura sino un límite. La fricción de dos cuerpos sudorosos, seguida de una descarga o un espasmo, puede parecer igual, pero no es lo mismo que abrazar la soledad compartida con gozosa determinación y apasionada ternura. Esos enamorados, lejos de fundirse o diluirse en el otro, celebran su existencia y sellan con caricias un pacto de mutuo apoyo. Solo entonces la experiencia erótica permite vislumbrar lo que de espiritual hay en la carne.

3

Creí entender qué significaba el amor un día que, aprovechando un viaje a Buenos Aires, acudí a visitar el cementerio de la Chacarita. Deambulaba absorto en mis cavilaciones, bajo la apacible sombra de los jacarandás, cuando atrajo mi atención una pareja de risueños ancianos que, con andares vacilantes, caminaban delante de mí tomados de la mano. Al pasar junto a ellos, escuché un retazo de conversación que despertó mi curiosidad:

—¿Qué te parece el vecindario? —le preguntó la vivaracha octogenaria a su pareja.

—Sin duda tiene buenas vistas y es tranquilo, pero los departamentos me parecen chicos. Esos nichos son como cajas de cerillas.

—Tendremos que apretarnos un poco, eso es todo, boludo. Hasta ahora, ni tus ronquidos ni los míos nos han impedido dormir juntos.

—Acaso tiene razón nuestra hija cuando dice que somos dos solitarios inseparables.

Me desconcertó que dos personas con un pie en el otro barrio charlaran con semejante desparpajo. El eco de sus palabras, repletas de una irónica y tierna crudeza, siguió resonando en mi cabeza mucho tiempo después de que me alejase de ellos. Su recuerdo no se ha borrado de mi memoria, pero han tenido que pasar muchos años para que aquella escena, sorprendida al azar, cobrase todo su sentido. Cuanto he aprendido sobre el amor en este tiempo lo encierra la última de sus frases: «No es lo mismo estar vivo que vivir. Nosotros hemos vivido, por eso no le tenemos miedo a la muerte».

4

No hay mayor prueba de amor que escuchar. En la gramática del corazón, la regla de oro es estar

presente. El encuentro con el otro hace más llevadero
el disgusto de vivir. Las desgracias compartidas son
menos desgracias. Abrazar la vulnerabilidad propia
y ajena robustece nuestro espíritu. Basta tener una
relación significativa para que la realidad más dura
se torne soportable.

5

En el contrato no escrito del amor entre dos personas,
la letra pequeña dice: «Te otorgo el poder de hacerme
daño, confiando en que nunca me lo hagas». El buen
querer no causa aflicción. «Amar» y «sufrir» son dos
verbos que no deberían ir en la misma frase, por más
que las bibliotecas estén llenas de libros empeñados
en convertirlos en sinónimos.

6

Cultivar el amor es como cultivar una planta a partir de
una semilla: no deja de crecer si lo regamos debidamente
con atenciones, a sabiendas de que puede marchitarse
tanto por exceso como por falta de agua. Como no
tardan en descubrir los que aman, echar raíces en otra
persona nos ayuda a florecer.

7

Tendemos a «cautivar» lo que nos cautiva. La fascinación
despierta nuestro deseo de posesión y nos impulsa a
atrapar lo que, precisamente, promete liberarnos.
El amor posesivo a la belleza, a la verdad o a otra
persona destruye lo que dice admirar. Somos más libres
y dichosos cuando no necesitamos idealizar algo
o a alguien para quererlo.

8

Un cronista del Japón antiguo refiere la historia de un
sogún que cayó prendado de una joven desconocida
tras contemplar por casualidad su delicada caligrafía
en un pliego de arroz. Nada más ver su letra, ardió
de deseo, y no se detuvo hasta dar con su paradero
y unir su destino al de ella. Por si esta pasión no
fuera ya bastante sorprendente, el comandante
del ejército no sabía leer, pero ello no le impidió
sentirse arrebatado por la voz escrita de la que
sería su compañera el resto de sus días. El amor
es un misterio más grande que la palabra,
concluye el cronista.

9

En los atropellados tiempos que nos ha tocado vivir
resulta más fácil tener un encuentro sexual con un
extraño que encontrar un interlocutor de calidad.
Vivimos en un mundo superpoblado de palabras,
donde sin embargo cada vez cuesta más mantener
un diálogo genuino con uno mismo y con los otros.

10

El instinto de conversación

La vida es corta y dura.
A ratos nos sentimos solos y perdidos.
El telón cae para todos,
pero mientras dura la función,
nos tenemos los unos a los otros.
De pronto, cuando menos lo esperas,
aparece alguien junto a quien estas certezas
no parecen ni tan terribles ni tan amargas,

y una alegría sin sombra se apodera entonces de ti
y en tu fatigado corazón rebrota el amor de nuevo.

11

La existencia es una continua sucesión de
descubrimientos y pérdidas que nos preparan para el
Último Descubrimiento y la Gran Pérdida. Haya o no
haya algo más allá de esta vida, la auténtica aventura
no consiste en viajar lejos, sino en salir de uno mismo.
Si solo miramos el mundo a través de la mirilla
de nuestros prejuicios, jamás abriremos las puertas del
corazón ni nos dejaremos sorprender por el otro.

12

En ese preciso momento, un repentino relámpago
iluminó su mente y comprendió que el amor eterno
era fugaz y que el amor duradero se renovaba
constantemente.

13

La sola idea de que al abrazar, acariciar, besar a otra
persona intercambiamos parte de nuestros microbiomas,
resulta al mismo tiempo desconcertante y conmovedora.
El amor es intercambio y reciprocidad, no solo
de palabras, sentimientos y fluidos, sino también de
bacterias, gérmenes, microbios.

14

El declive del deseo suele ser el precio a pagar por una
relación duradera. Soñamos con encontrar un buen

compañero de vida que sea asimismo un buen amante, pero ambos papeles resultan, por lo general y mal que nos pese, incompatibles. Buscamos en nuestras uniones sentimentales seguridad, protección y respeto, pero nos excita sobre todo lo desconocido, la provocación y el misterio. Resulta difícil que una misma persona colme ambas necesidades fundamentales y satisfaga los anhelos contrapuestos de estabilidad y aventura. Ahí radica el secreto de las parejas que, con el paso de los años, no pierden la chispa, ni se rinden a la rutina y el conformismo. Esos matrimonios apasionados y cómplices, sin importar el género ni la edad, han logrado conciliar el deseo y el compromiso, la búsqueda del placer con la de la armonía, y cultivan a la par el erotismo y la amistad. En su intimidad, como en los jardines logrados, lo salvaje se trasluce bajo el velo del orden. Su amor es un *hortus inconclusus*. Nunca está acabado.

15

La creación de un vergel puede ser una pasión tan grande como un gran amor. Convertir un trozo de tierra en un edén representa un acto de intimidad y cariño. Esos espacios plantados tienen menos que ver con la naturaleza que con la libido, con Flora que con Eros, con el cultivo que con el deseo. Se extienden más allá de lo que vemos y sentimos, hasta convertirse en una realidad imaginaria y sentimental, como todo aquello en lo que ponemos nuestro corazón.

16

Los jardines que nos enamoran ocultan pasiones torrenciales, romances prohibidos y toda clase de aventuras sentimentales. Tal vez porque son una fiesta para los sentidos, en ellos las costumbres se relajan y los ánimos se excitan. O al menos eso creía el autor del opúsculo titulado *La verde verdad*,[22] que salió de imprenta en algún momento entre 1814 y 1820. Por más que han buscado, los eruditos no han encontrado pruebas de su paso por este mundo y se inclinan a pensar que Sylvestre de Valfleuri era un *nom de plume*. Tras este seudónimo se ocultaría, según algunos especialistas, la marquesa de Valmar —una reputada *femme de lettres*— o, a decir de otros, un oscuro abate libertino. Sea como fuere, su nombre ha caído en el olvido y no figura en ninguna historia de la jardinería, la literatura o la filosofía, aun cuando en el texto abundan las referencias botánicas, las metáforas vegetales y las reflexiones sobre las pasiones del alma.

Sin entrar a considerar a qué género pertenece esta obra, a la que bien se podría tildar de preciosista, de sicalíptica y de todo lo contrario, en sus páginas los jardines son lugares de delicias y recreo, en los que se dan escenas galantes, encuentros furtivos, ataques de celos y otros arrebatos del corazón. Sylvestre de Valfleuri se pregunta, con una retórica no desprovista de ironía, cuántos amantes cedieron a las urgencias del deseo y se echaron unos en brazos de otros al abrigo de los setos; cuántos corazones se robaron y honras se perdieron en los vericuetos de los laberintos vegetales; y cuántas veces la alfombra de césped se convirtió en un lecho conyugal. Resulta difícil adivinar sus intenciones al describir esos comportamientos poco edificantes, si pretendía censurarlos o burlarse de la hipocresía reinante.

Sea que parodie a los moralistas o a los libertinos, los jardines representan para Valfleuri «limbos de vicio y disipación», donde las damas y los caballeros se entregan con fruición a las solicitaciones de la belleza vegetal y carnal. Según este pequeño libro, que crece en el recuerdo, una de las pasiones más terrenales es la jardinería. Para decirlo con las palabras de su autora o autor, «el jardinero que todo amante lleva dentro anima a sembrar con delicadeza la semilla del aprecio, cultivar el afecto y regar con ternezas los brotes del cariño, hasta que su rosal amado esté en flor». Esta cita es algo más que una frase bonita: propone una educación sentimental. Cuántos lectores de *La verde verdad* se quedarían a vivir en sus páginas, si pudieran.

17

Imaginar un jardín es imaginar una forma de vida. Esos «espacios de cariño» pueden estar hechos con llantas de camión rellenas de tierra y plantadas con hortalizas y flores, o consistir en suntuosos parterres, fuentes de ensueño y pabellones ornamentales; extenderse hasta donde alcanza la vista u ocupar los maceteros de un balcón. Un jardín es lo que queramos que sea. Lo que lo define no es su tamaño ni su espectacularidad, sino la voluntad de dominar la naturaleza para nuestro solaz o provecho. Pero si vallas y domesticas un trozo de tierra, ya no será como otro trozo de tierra cualquiera, como le dice el zorro al Principito, y tácitamente habrás asumido cuidarlo. Te habrás convertido al mismo tiempo en su creador y su creación. Todo espacio físico o virtual del que uno acepta voluntariamente ocuparse acaba transformado por arte de magia en un jardín. Tanto da si en él prosperan plantas, artefactos, ideas, sentimientos… La conciencia y el corazón también necesitan de un jardinero para florecer.

18

En la transitoria belleza de las flores está cifrado el secreto de la existencia: asombro, fugacidad e instinto reproductor. Aunque estén destinadas a desaparecer en poco tiempo, encierran la promesa de un fruto. Son un pequeño y delicado anticipo de trascendencia que nos ayuda a renovar la fe en el mañana.

19

El hecho de que seamos conscientes de nuestra consciencia nos expone a la soledad cósmica y a la nostalgia del Absoluto, pero también nos invita a amar todo lo viviente y a recomponer la unidad perdida. El amor es la radiación de fondo de la vida y la llave maestra que abre las puertas de la mente, el corazón y el espíritu.

20

No hay nada que una más que la vulnerabilidad compartida, salvo la firme voluntad de luchar juntos.

21

Para los guardianes de la fe, el gozo sensorial e intelectual siempre es contrarrevolucionario, porque nos distrae de los verdaderos cometidos de la vida: producir, enriquecernos, comprometernos con una causa, un ideario o un proyecto. Pero como escribió Nietzsche, no fueron las personas virtuosas las que inventaron la felicidad, sino los individuos felices los que descubrieron la virtud.

22

Anotad esta idea con una tinta indeleble que resista al olvido: si aprendemos a amar lo que hacemos, nunca nos sentiremos vacíos.

23

Quién no ha tenido en alguna ocasión un sueño
lúcido, una epifanía o un presentimiento visionario.
Quién no ha experimentado, siquiera una vez, un rapto
amoroso, el éxtasis de estar vivo o un sentimiento
oceánico al contemplar un paisaje sublime. Así y todo,
en defensa de la razón y la objetividad, preferimos
tildar esos catárticos y reveladores trances de
alucinaciones, delirios, sueños, con tal de no asumir
que hasta la más cabal y juiciosa persona necesita
a veces perder la cabeza para salvar el corazón.

24

En cierta ocasión le preguntaron a un cura con más de
cuatro décadas de experiencia ejerciendo de confesor
cómo eran los seres humanos, y contestó que nunca
dejaban de ser niños. Una veterana psicóloga, que
había atendido en su consulta a incontables pacientes,
respondió de forma muy parecida cuando le
interrogaron acerca de cuál era el principal conflicto al
que se enfrentan las personas: «Sanar a la niña o al
niño interior». Otro tanto sugirió un filósofo, con una
merecida fama de sabio, el día que una de sus más
aventajadas discípulas quiso saber por qué los animales
racionales no razonan. «Todavía no han llevado a cabo
su particular *paso del mito al logos*», sentenció con una
implacable e impecable franqueza.

Como dijo el poeta, la infancia es la patria del ser
humano. Por desgracia, muchas personas pasan sus
vidas intentando recuperarse de una niñez desdichada.
Mientras no perdonen a sus padres, continuarán
siendo niños. Hasta que no resuelvan sus conflictos, se
condenarán a vivir en el pasado. Únicamente el cariño
logra reparar el daño y cicatrizar las heridas psíquicas.
Pero no es menos cierto que las carencias dificultan

dar y recibir un buen amor. De ahí que sea tan común llamar así a lo que tan solo es un apaño o una dependencia compartida.

25

Las relaciones amorosas que resisten la corrosión del tiempo están hechas de una singular aleación de complicidad, erotismo y cuidado. La proporción de los ingredientes puede variar, pero los tres son imprescindibles.

26

Se puede establecer un claro paralelismo entre la autosuficiencia alimentaria y emocional, entre cultivar nuestros alimentos y nuestras relaciones afectivas. Ese ideal de vida resulta subversivo en un mundo que fomenta el consumismo acrítico y los apegos tóxicos. Muy contrariamente a lo que se nos sugiere, la independencia es imprescindible para el buen amor, tanto da si se dirige a una persona o a la tierra.

27

Cómo interpretar el hecho de que, en mi ciudad, se abran más peluquerías de perros que librerías. Qué está pasando para que la cultura de las mascotas tenga más presencia en las calles que la libresca. Más que el deseo de conexión con la naturaleza, detrás de ese fenómeno se encuentra el deseo de compañía. Todos anhelamos estar en la cabeza de alguien, formar parte de sus pensamientos, aun cuando sea un animal.

28

Un paseo no se resume, ni mucho menos, en diez
mil pasos. Una comida consiste en algo más que unos
cuantos centenares de calorías. Y, por supuesto, resulta
imposible cuantificar el amor o la amistad en *likes*.
Nada de lo que de verdad importa se puede
contabilizar en cifras.

29

Tras la constante invitación a vivir en el presente,
concentrarse en el aquí y ahora y aprovechar el
momento, se oculta la renuncia a las promesas de la
posteridad, la gloria y el Más Allá. Ese mandato social
intenta paliar la gran decepción de estar solos ante
nuestro destino. Puesto que nos aguarda el Olvido,
la gran justificación de la existencia, por encima de
ideologías y credos, es el amor.

30

Cuando el señor K. ingresó en el pabellón de enfermos
terminales, sus hijos contrataron a una cuidadora para
que lo acompañase por las noches. Por más que
conservara el ánimo y la lucidez, los médicos que trataban
su tumor cerebral le daban como mucho unas pocas
semanas de vida, a lo sumo un mes. El primogénito del
señor K. se sobresaltó durante una de sus visitas al oír
cómo su padre agonizante le confesaba que se había
enamorado de la mujer que pasaba las noches junto a la
cabecera de su cama. Es más, le contó que estaba
haciendo planes con ella para cuando abandonase el
hospital. El hijo, no sabiendo a qué atenerse, decidió
seguirle la corriente y disimular su desconcierto. Con el
corazón encogido, aguardó a que llegara la noche

y abordó a la cuidadora, antes de que entrara en la
habitación, con el propósito de pedirle aclaraciones.
Para su sorpresa, esta no se mostró en absoluto azorada
ni incómoda por su actitud inquisitiva. Contestó con
serenidad a sus preguntas diciendo que recibía
con cierta frecuencia declaraciones de amor e, incluso,
propuestas de matrimonio por parte de pacientes en
cuidados paliativos. Por lo visto, aquellos idilios
crepusculares no eran raros. El deseo de amar daba a
algunos de los moribundos el valor para vencer su
temor a la muerte. Antes de que Dios o la Nada les
acogiese en su seno, querían querer, con la secreta
esperanza de burlar su destino. Les iba la vida en ello.
Tal vez a eso se reduzca todo.

EL HUMUS EN QUE NOS CONVERTIREMOS O DE LA MUERTE

«La vida se me ha aparecido siempre como una planta
que vive de su rizoma. Su vida propia no es
perceptible, se esconde en el rizoma. Lo que es visible
sobre la tierra dura solo un verano. Luego se marchita.
Es un fenómeno efímero. Si se medita el infinito
devenir y perecer de la vida y de las culturas, se recibe
la impresión de la nada absoluta; pero yo no he
perdido nunca el sentimiento de algo que vive y
permanece bajo el eterno cambio. Lo que se ve es la
flor, y esta perece. El rizoma permanece».[23]

CARL G. JUNG,
RECUERDOS, SUEÑOS, PENSAMIENTOS

1

Con una inhalación entramos en la vida y con una
exhalación saldremos de ella. Nuestra existencia
individual pasa como un suspiro entre el día que
llenamos nuestros tiernos pulmones con la primera
bocanada de aire y el más o menos lejano en que
expeleremos el último aliento.

2

Muy pronto, nuestros ancestros se rebelaron contra la
cruel evidencia de la muerte inventando un mundo
de ultratumba. Ese más allá de la realidad sensible,
celebrado con rituales y ceremonias en todas las
culturas, representa el acto creador de la humanidad:
lo eterno nacido de lo efímero.

3

La creencia en una realidad más real que todas las
realidades mundanas es el fundamento de la religión.
Algo difícil de conciliar con que la vida humana sea
un hecho corporal. Como seres conscientes de su
consciencia y finitud, nos debatimos entre el ansia
de trascendencia y la alegría animal de existir.

4

Los humanos se dividen entre quienes creen que *somos
un cuerpo* y aquellos que aseguran que *habitamos un
cuerpo*. Para los primeros solo hay un mundo; para los
segundos existe Otro Mundo. Quién sabe si, tras la
muerte, nos convertimos en humus, nos reintegramos
al alma cósmica, despertamos del sueño terrenal o

regresamos a nuestro hogar o la nada. Pero mientras transitamos por esta Tierra somos un alma encarnada.

5

La realidad se transforma mientras la observamos. Y lo mismo puede decirse de nosotros. Nuestras células perecen y son reemplazadas por otras en un proceso de metamorfosis continua. Nada permanece inalterable, constante, fijo, salvo el cambio.
La provisionalidad constituye la esencia de todos los seres, y nosotros no representamos ninguna excepción. Nuestra verdadera naturaleza también es transitoria. A quien presta suficiente atención se le revela, tras el espejismo del movimiento continuo, la eternidad del instante presente. Los que han despertado saben que la unidad resplandece bajo la diversidad.

6

La mayoría de las tradiciones espirituales rechazan la idea de que nuestro ser llega a su fin cuando el cerebro se apaga y cesa la actividad neuronal. Y nos sugestionan con la posibilidad de que nuestra conciencia, o parte de ella, sobreviva a la confrontación con la muerte. De todas las ficciones culturales, la más ingenua de todas tal vez sea pretender que ese kilo y medio de materia gris gelatinosa en forma de media nuez alberga una semilla de inmortalidad.

7

La explicación al vacío estilizado de una gran parte de la producción artística contemporánea hay que buscarla en su renuncia a la pretensión de perdurar.

Sin anhelo de inmortalidad, la obra de arte pierde su aura sagrada y se banaliza. Desde el momento en que los creadores ya no aspiran a revelar verdad alguna, y están más interesados en triunfar, ganar dinero y convertir su nombre en una marca comercial que en alcanzar la gloria y pasar a la posteridad, sus realizaciones se tornan un producto complaciente y sin trascendencia, sujeto a las leyes del mercado. Pudiera ser que gran parte de las representaciones artísticas de nuestro tiempo fueran tan solo ocurrencias más o menos logradas.

8

Una de las mentiras que hace más soportable la existencia es la fantasía del control, la infundada pretensión de que somos dueños de nuestro destino. La vida se suele encargar de poner a prueba esa creencia. Contaré una historia con sabor añejo para ilustrar lo azaroso e imprevisible de nuestra existencia.

Durante su paseo matutino por los jardines de palacio, el emperador se fijó en unas fragantes y coloridas rosas, junto a las que revoloteaban mariposas y otros insectos. Se preguntó cómo era posible que hubiera pasado con anterioridad delante de aquellas maravillas sin haber reparado en su belleza. Mientras se inclinaba para olerlas, su ayuda de cámara entró apresuradamente en el florido patio trayéndole la noticia de que acababan de arrestar al traidor que la víspera había intentado acabar con su vida. La mala suerte quiso que, cuando el emperador abrió la boca para preguntar su nombre, una avispa se coló dentro y le picó con su aguijón en la garganta. En menos tiempo del que se tarda en contarlo, el aire ya no llegaba a sus pulmones y, llevándose las manos al cuello, se derrumbó frente al portador de la buena noticia con un rictus de desesperación dibujado en el lívido rostro. El cuerpo yacente del todopoderoso señor había dejado de respirar. De pronto, la Tierra pareció salirse de su órbita y quedar suspendida en el vacío.

9

Seguimos asombrándonos ante la muerte, cuando lo realmente insólito es el hecho de respirar. Venimos a esta vida *in media res*, y nos vamos antes de acabar la obra. Si tenemos suerte y paciencia, habremos intuido de qué va la comedia humana antes de que caiga el telón para nosotros en el gran teatro del mundo, la función se interrumpa y hagamos mutis por el foro.

10

Cuanto menos hablamos de la muerte, más terror nos infunde. Cuanta menos atención le concedemos, más presente se halla en nuestras vidas. Cuanto más disimulamos o maquillamos los indicios del envejecimiento, menos preparados estamos para abandonar este mundo. Ese clamoroso silencio se posa encima de las cosas como una capa de polvo, sobre la que escribo con la yema de un dedo las palabras del filósofo: «Es una sola y misma cosa el ejercicio de vivir bien y el ejercicio de morir bien».[24]

11

El siguiente epitafio figura en la tumba de un jardinero enamorado de su oficio: «Aquí yace alguien que cumplió su sueño de convertirse en jardín». Tras leer esa inscripción labrada en la lápida, un enterrador se volvió hacia su compañero de fatigas, moviendo la cabeza con aire dubitativo, y le comentó, como si pensara en voz alta: «Si el jardín es la respuesta, entonces ¿cuál es la pregunta?».

12

En la jardinería, como en la vida, el horizonte es la tierra. Tendemos a olvidarnos de lo evidente: somos humus andante. Esa es la primera lección de una filosofía *composthumanista*, que invita a ejercitar tus talentos para realizar una fotosíntesis personal con el propósito de vivir con más lucidez, serenidad y plenitud.

13

Estamos de paso por este mundo, pero por muy evidente que esto sea, pocos de nosotros nos hallamos preparados para abandonarlo. Como miembros de una sociedad tan materialista y obsesionada por la felicidad como la nuestra, nos cuesta asumir la muerte con naturalidad. La contemplación de las plantas, las flores y los árboles nos recuerda nuestra íntima ligazón con la tierra y nos brinda un hondo consuelo a la hora de afrontar el final de nuestros días. El jardín representa la imagen guía de un *ars moriendi*, a la par nuevo e inmemorial, para el que la aceptación de convertirse en humus representaría la plenitud de la existencia.

14

En la narrativa cíclica del huerto y el jardín todo se reengendra. La muerte es sinónimo de renacimiento. La semilla debe pudrirse para germinar. La moraleja de esta historia intemporal es que todo final representa un principio y que aprender a vivir significa aprender a morir.

15

Tanto da si la vida verdadera se encuentra antes o,
como sostienen muchas religiones, después de la
muerte, pues la única revelación decisiva es que ya
vivimos en la eternidad de un presente continuo.
Y, mientras existimos, somos inmortales.

16

El jardín materializa la utopía de las mujeres y
hombres del desierto. Tal vez porque los tres
principales credos monoteístas, las llamadas
religiones abrahámicas o del Libro (judaísmo,
cristianismo e islam), nacieron en las ardientes
arenas de Arabia, lejos de los bosques templados,
idealizando esas islas en tierra firme que son los
oasis. Acaso por eso mismo nos cuesta imaginar el
Más Allá sin el verdor de las plantas. Cada vez que
fantaseamos con la vida de ultratumba, la
engalanamos con flores y árboles.

17

Ningún acontecimiento, por muy desgraciado que
sea, puede impedir que los narcisos, los jacintos y los
tulipanes florezcan. Hay algo profundamente
consolador y reconfortante en que, ajenos a nuestros
padecimientos y afanes, despierten tras el letargo
invernal y acudan con misteriosa puntualidad a su
cita anual vestidos de gala. La principal lección que
podemos aprender de los bulbos es que sin
recogimiento no existe plenitud, y que ambos
momentos también pasarán.

18

Una flor no es solo una flor, sino un recordatorio del esplendor efímero de nuestras vidas. Cuando yo me marchite, ellas seguirán brotando fieles a la cita con las estaciones, indiferentes a los aconteceres humanos. Cada peonía, dalia, iris… nos habla de la belleza transitoria, que perdura a lo largo de los siglos.
Las flores nos distraen de nuestras preocupaciones y alegran nuestros corazones, pero sobre todo alivian nuestra sensación de vulnerabilidad, porque su frágil hermosura sobrevive a la muerte.

19

Los motivos por los que los humanos inventaron a Dios, o a los dioses, siguen vigentes. La ciencia, el arte y la filosofía aportan, sin duda, consuelo y propósito, pero no han conseguido que desaparezcan la muerte, el sufrimiento físico y mental, la soledad existencial y demás penurias. A nadie debería extrañarle que nos obsesionemos con ser felices, acumular riquezas y encontrar el amor romántico, si renunciamos a las promesas celestiales de una vida eterna y admitimos que no conoceremos más mundo que este.

20

Poco importa si la naturaleza es una creación divina o humana, una manifestación de nuestra razón o un don celestial: durante el tránsito por este mundo no estamos solos. Compartimos la aventura de la vida con muchos otros seres y una gran parte de ellos son organismos fotosintéticos. Estas plantas, algas y cianobacterias, que representan el 86,7 por ciento de la biomasa, hablan un idioma de luz, la lengua nativa de la Tierra.

21

La historia de la vida, que empezó con el paso de las células procariotas a eucariotas (con núcleo y citoplasma), terminará cuando el sol se apague, dentro de aproximadamente 5.000 millones de años. Ese fundido en negro marcará el final de la especie humana. O tal vez, para entonces, hayamos dejado de ser terrícolas, sapiens, mortales.

22

Desde la óptica de la *fitosofía*, las plantas son de los pocos seres pluricelulares que han resuelto el problema de la muerte y gozan de algo parecido a la inmortalidad. Reemplazan sus órganos secos (hojas, raíces, tallos) a medida que los van perdiendo, y se reproducen mediante clones genéticos, llamados vástagos o chupones. Los vegetales son organismos más alejados de nosotros evolutivamente que los animales y, por eso mismo, nos cuesta entender su manera de ser y estar en el mundo. Compartimos con ellos un remoto ancestro común, que vivió aproximadamente hace 1.500 millones de años. Tal vez eso explicaría por qué, en el momento de la concepción, nos asemejamos a una semilla germinada. Y quién sabe si, llegado el momento fatídico de la defunción, regresamos a ese estado seminal.

23

Mientras que la salud representa el olvido de los órganos, la enfermedad nos recuerda que somos un organismo con fecha de caducidad. Ser conscientes de la fragilidad de la existencia nos ayuda a ver la

realidad en alta definición y a envejecer estando cada
día más vivos.

24

Aunque parezca lo mismo, cumplir años no es igual que
madurar. La edad informa del tiempo vivido, pero no de
cómo lo has vivido. Todos conocemos a viejos
adolescentes y a jóvenes adultos. Independientemente
de la fecha de nacimiento que figure en el carné de
identidad, uno no llega a ser una persona cabal y
completa hasta que es capaz de contar su propia historia.

25

Con el término «superancianos» (*superagers*) se designa
a un tipo de personas que acusan menos los estragos
de la vejez, a los que el tiempo parece herir con menos
saña. Su edad mental se halla muy por debajo de la
biológica. Los expertos debaten sobre los factores
genéticos y culturales que concurren en su caso, pero
no acaban de ponerse de acuerdo sobre si la razón de
que padezcan un menor deterioro cognitivo son sus
hábitos saludables, su actitud vital, su herencia
genética, su resiliencia psicológica… Lo que sí es
cierto es que una de las pocas características que
comparten los miembros de ese heterogéneo y
privilegiado grupo es la curiosidad, por lo que no
parece exagerado afirmar que esta sería el auténtico
elixir de la eterna juventud.

26

Contrariamente a lo que cabría suponer, no hay nada
nuevo en la moda de las dietas détox, los superalimentos

y las fórmulas de rejuvenecimiento. Desde la noche de los tiempos, los mortales llevan elaborando con raíces, hojas y frutos los más diversos tónicos, bebedizos, preparados y ungüentos revigorizantes o cosméticos para combatir el estigma de la decrepitud. Esas panaceas vegetales, destinadas en ocasiones a estimular la vitalidad y otras a maquillar las huellas del paso del tiempo, responden a uno de los anhelos más antiguos de la humanidad: paliar o revertir el envejecimiento, en un vano intento de emular la inmortalidad de los dioses. Sin ir más lejos, el célebre Nostradamus (1513-1590), antes de cobrar fama internacional con sus pronósticos y profecías, obtuvo un éxito editorial sin precedentes con el libro de *Recetas exquisitas* (1555).[25] En esta obra, de difícil clasificación, se detallan numerosos procedimientos para destilar filtros amorosos y elixires de la eterna juventud, además de fórmulas magistrales para fabricar perfumes, desodorantes, dentífricos, confituras, tintes capilares, vigorizantes y una amplia variedad de cosméticos.

27

¿Cuánto tiempo nos queda antes de que nos convirtamos en humus? Reconocer que esa fértil tierra negra es el destino final de todas nuestras fatigas nos anima a comportarnos con humildad, a asumir nuestra insignificancia y a abrazarla. No pretender ser nada más que lo que se es resulta liberador. Nada nos ayuda más a vivir que la inquebrantable fortaleza de conocer las propias debilidades y flaquezas.

28

Cuando expire la última persona que nos recuerde, entraremos en esa tierra fantasmal de nadie y de todos que es el Olvido. Ese día no muy lejano en que alguien pronuncie por última vez nuestro nombre, pasaremos a engrosar la nómina anónima de los que un día existieron.

29

Esta plegaria figura en un libro de oraciones paganas: «Somos humus andante en busca de un propósito, polvo de estrellas con nostalgia de los cielos, barro amasado con temores y esperanzas, en conflicto con nuestros orígenes animales».

30

El miedo a la soledad y la angustia que nos produce la muerte —acaso dos caras del mismo temor a dejar de ser— laten detrás de la obsesión por gustar, acumular riquezas o alcanzar un estatus. Como si la belleza, el dinero, la fama nos protegieran de la usura del tiempo y nos permitieran abrigar la absurda esperanza de no marchitarnos como las flores.

31

Patrimonio

Pasamos la vida entre objetos prestados
que llamamos nuestros.
Nuestra casa, nuestro coche, nuestra ropa…
podrían ser otros y tampoco cambiarían el hecho
de que nos iremos de este mundo como vinimos:
sin nada, con todo por descubrir, encarnando un
   misterio.
No tenemos más pertenencia que nuestro cuerpo,
ni más hogar que la piel amada.

EL JARDÍN COMO TERAPIA FILOSÓFICA O DE LA CURA DE ALMAS

«No podemos amar realmente si nos está prohibido ver nuestra verdad, aquella sobre nuestros padres y educadores, y también la verdad sobre nosotros mismos. Solo podemos actuar *como si amáramos*. Pero este comportamiento hipócrita es lo contrario del amor».[26]

ALICE MILLER,
EL DRAMA DEL NIÑO DOTADO

1

Ver crecer lo que plantamos es una de las fuentes de gozo más genuinas. Tanto es así, que la experiencia del jardín puede contribuir a la *eudaimonía*, es decir, «al florecimiento personal». Desde esta perspectiva, parece lícito concebir el jardín como una terapia filosófica, como una medicina o cuidado del alma, *therapía tes psyches*, según la fórmula socrática. La mejor manera de procurar la salud anímica tal vez sea «cultivar el propio huerto», siguiendo la propuesta de Voltaire al final del *Cándido*. En nuestro interior hay un jardinero oculto que cultiva con esmero el jardín de la conciencia, cuya fragancia flota en nuestras palabras y actos.

2

La jardinería se entiende por lo general como un intento de disciplinar la naturaleza para el disfrute humano, pero su objetivo más profundo tal vez sea disciplinar nuestro espíritu, fortalecerlo y elevarlo. Cuidar con cariño y a conciencia de las plantas que crecen en nuestro pequeño terreno, o en el alféizar de la ventana, nos ayuda a suspender el pensamiento, vaciar la mente y concentrarnos en el instante presente sin la ansiosa espera de bienes o males futuros. Nos brinda la ocasión de desensimismarnos, de practicar la contemplación activa y encontrar en nosotros la calma y la quietud.

3

Los hábitos que ejercita la jardinería: paciencia, tesón, confianza, esmero, humildad… resultan imprescindibles para disfrutar de una buena vida. Hay muchas respuestas a la pregunta de cómo vivir de la

mejor manera posible, y todas ellas hacen hincapié en
cultivar el carácter. Estamos llamados a ejercer de
jardineros, siquiera sea en un sentido figurado o
metafórico, y a aplicarnos a preparar el terreno de la
conciencia con el propósito de que florezca nuestra
vida. La jardinería, entendida menos como una técnica
de plantación que como el oficio de vivir conforme a la
naturaleza, constituye una práctica filosófica.

4

Hace veintitrés siglos Epicuro ya propuso una
jardinética, que enseñaba a vivir libres de temores
infundados y vanas promesas, con serena lucidez y
sobria felicidad. Para los filósofos del jardín, como eran
conocidos sus seguidores, entre los que me encuentro,
esa naturaleza cultivada materializaba los valores
inmateriales de su pensamiento: la paz de espíritu, la
libertad interior y el gozo de los sentidos. Hoy, como
ayer, por la puerta del jardín salimos de nuestra cabeza
al encuentro con nosotros mismos.

5

¿Conoces el *Almanaque del jardinero filósofo*?[27] Este
libro, obra de un desconocido agrónomo andalusí del
siglo XII, compendia la sabiduría botánica y filosófica
hispanomusulmana. En sus páginas se combinan las
enseñanzas prácticas y teóricas sobre el cuidado de
las plantas y de uno mismo. Los títulos de los capítulos
son muy elocuentes a este respecto:

Cultivar un paraíso o de la necesidad de orden y
    claridad
La fertilidad del suelo o de la salud del alma
El jardín despensa o de la utilidad de lo bello

Calendario de siembra o de la espera paciente
La poda ornamental y utilitaria o cómo desprenderse
    de lo superfluo
Remedios contra las plagas vegetales y morales

Al leer este texto anónimo, se tiene a veces la
impresión de que su autor es nuestro contemporáneo.
Resulta fácil compartir su concepción de la jardinería
como una práctica espiritual que contribuye a
perfeccionar un ascético arte de vivir y alcanzar la paz
interior. Sus enseñanzas no han perdido valor ni
vigencia. El placer de su lectura es el principal
argumento a favor de sus ideas. Esta frase resume por
sí sola el contenido de una obra única, que escapa a
cualquier intento de clasificación: «El jardinero es
bueno en su oficio cuando piensa como las plantas».

6

Del mismo modo que empleamos los principios
activos o compuestos alelopáticos de las plantas para
elaborar fármacos y remedios contra los males del
cuerpo y el alma, podemos extraer de ellas también
valiosas lecciones sobre el esforzado oficio de vivir.

7

A un celebrado paisajista lo contrataron para que
crease un jardín que pareciese abandonado. Muy
pronto comprendió que no bastaba con dejar que el
tiempo hiciera su trabajo, y que las malezas se
enseñoreasen del espacio cultivado, desdibujasen los
parterres y senderos e invadiesen pabellones y
escalinatas. Pasarían muchos meses antes de que
entendiera que la poética de la decadencia nada tenía
que ver con la incuria y el descuido, sino con la

elaboración del duelo por la pérdida de ese fugaz espejismo que es siempre un jardín. Como dejaría escrito en sus memorias: «La naturalidad es el artificio más elaborado. Nada cuesta más que crear un vergel sin aparente interferencia humana».

8

Si el jardinero desaparece, el jardín se desgobierna y vuelve al estado de naturaleza. Su mano puede estar más o menos presente y responder a exigencias estéticas muy distintas, pero sin su intervención, incluso pasiva, no hay arte del jardín.

9

La tozudez y los jardines resultan incompatibles. Estos son el resultado de un paciente diálogo, de una interlocución constante con las plantaciones. Por muy terco que sea el jardinero, jamás podrá lograr que la naturaleza obedezca sus mandatos sin escucharla atentamente. Cuanto más fértil y ponderada sea esa conversación, mayor será la belleza del terreno cultivado.

10

Los jardines siguen cumpliendo la función espiritual que tuvieron en el pasado. Proponen un viaje iniciático del mundo visible al invisible. Invitan a elevarse de la belleza de las formas vegetales al amor a la naturaleza y a transitar del bienestar al *bienser*. La experiencia sensorial y anímica del jardín propicia una transformación interior.

11

Mientras que el sabio sabe muchas cosas, el jardinero sabe una muy importante: cosecho lo que planto.

12

Si ignoras lo que te mueve, te moverá lo que ignoras: los hilos invisibles de tus miedos neuróticos y tus fantasías compensatorias. Para desprogramar los mandatos sociales, conscientes e inconscientes, pregúntate por qué haces lo que haces. Solo así construirás una identidad narrativa y protagonizarás una verdad propia.

13

Todos somos un *collage* de identidades, un *happening* de traumas y una *performance* de contradicciones, en los que teatro y vida se confunden. La suprema ironía es que solo se puede desprender de la máscara quien se conoce a sí mismo.

14

No se preserva la salud psíquica y, mucho menos, se alcanza la sabiduría sin escuchar a nuestro ser más profundo. Es decir, sin hablar con nosotros mismos. Dialogar con ese interlocutor íntimo, yo verdadero, voz de la conciencia o *dáimon* personal nos transforma y libera, mientras que hacer oídos sordos a sus ruegos nos esclaviza y encadena a nuestros temores neuróticos y contradicciones existenciales.

15

Si una persona no escucha lo que le está diciendo su yo interior, difícilmente prestará oídos a su prójimo y mucho menos será receptivo a los otros moradores del planeta, y no digamos al genio del lugar o al espíritu de los tiempos. Pocas cosas hay más difíciles que conceder la atención adecuada y el tiempo adecuado a la persona adecuada, por el motivo adecuado. Ese don de la oportunidad se adquiere tras haber conversado mucho con uno mismo.

16

Algunas personas se han convertido en una mala compañía para sí mismas, porque son incapaces de sostener un diálogo interno auténtico. Solo alguien dispuesto a escuchar lo que no quiere oír resulta un interlocutor fiable.

17

No seamos tan ilusos de creer en todo lo que pensamos, ni de considerar cierto todo lo que sentimos. La única manera de escapar a los sesgos ideológicos, a los presupuestos implícitos y a las insuficiencias de nuestra manera de discurrir es dudar por principio de nuestras ideas, someter nuestras razones al tribunal de la razón y no tomarnos demasiado en serio. Cuanta más incertidumbre seamos capaces de soportar, mayor será nuestra fortaleza anímica.

18

La única certidumbre es la ausencia de certidumbres. La verdadera fortaleza consiste en sabernos vulnerables. La autonomía real pasa por deshacerse de la ilusión del control, la perfección y la autosuficiencia. No hay auténtica libertad interior sin renuncia, contrariamente a lo que podría parecernos.

19

Nos jugamos la vida en no confundir lo esencial con lo accesorio, en identificar con claridad sobre qué nos apoyamos y en saber cuáles son nuestras auténticas necesidades. Para llegar a ser los que somos, precisamos conocernos a nosotros mismos, lo que resulta imposible sin confrontar nuestras fantasías con la realidad y enfrentarnos a la incómoda verdad de que nuestro verdadero yo no sea el que creemos.

20

Una creencia compartida por muchas tradiciones religiosas y filosóficas es que no vemos la realidad tal y como es, sino tal y como nosotros somos. Por eso mismo, si cambiamos, el mundo cambiará, como han predicado los santos a lo largo de los siglos.

21

Para convertirnos en los protagonistas de nuestra historia debemos asumir la función de autores y atrevernos a reescribir el relato que encarnamos una y otra vez. Solo así nuestra peripecia vital adquiere significado. Una narración biográfica bien construida constituye la prueba más clara de que somos dueños de nosotros mismos.

22

Como saben todos aquellos que se dedican a curar
almas, si quieren contribuir al bienestar de sus
pacientes, deben ayudarles a reconstruir sus narrativas
internas a fin de que el protagonista de sus ficciones
autobiográficas deje de ser una víctima y se convierta
en un valeroso superviviente. Otro tanto cabría decir
de nuestra malsana sociedad de la acumulación y el
consumo, profundamente enferma y necesitada de
terapia para corregir sus patrones de funcionamiento
y adquirir otros nuevos.

23

El vacío dejado por el descrédito de los grandes relatos
religiosos y las utopías políticas lo hemos llenado con
mercancías y pasatiempos que no satisfacen las
demandas más íntimas de nuestro ser espiritual. Esa
nostalgia de argumento en nuestras vidas se expresa
en forma de síntomas.

24

Confundimos estar vivos con adquirir mercancías
y servicios y consumir experiencias. La avaricia nos
impide apreciar las cosas que cuestan poco y valen
mucho. Las riquezas verdaderas son inmateriales y no
se pueden comprar. La alegría de existir bebe en la
fuente del amor desinteresado y la contemplación
maravillada de la belleza que nos rodea. La experiencia
que tenemos de nuestro paso por este mundo es cada
vez más de usuarios y menos de gozosos interlocutores.
En lugar de sentirnos prendados de la naturaleza,
estamos ávidos por consumirla.

25

Infelices de nosotros, que vivimos en una sociedad
en la que todos somos al mismo tiempo productos
y consumidores, usuarios y usados, clientes y
vendedores, marcas y mercado. Encarnamos esa
dialéctica tecnocapitalista del amo y el esclavo, hasta
el punto de que nos desposeemos poseyendo y somos
utilizados por nuestros útiles.

26

Cómo reaccionarías si un buen día se presentase ante ti
un demonio y te anunciara: «Tal vez no te conozcas tan
bien como crees. No eres consciente de los motivos por
los que haces muchas cosas. Las verdaderas razones que
se esconden tras tus decisiones y juicios no son, ni
mucho menos, las que imaginas. Un desconocido yo
interior guía tus pasos. Es él quien elige en qué quieres
creer. Eres rehén de sus decisiones. Vives una ficción
escrita por un extraño que habita en tu interior».

27

Quien más, quien menos, está necesitado de una cura
espiritual. La mayoría de nosotros no somos lo que
creemos ser. Obedecemos a prejuicios que ignoramos
tener. Somos esclavos de muchos amos a los que no
conocemos. Y en nuestra visión de la realidad hay
más ángulos muertos de los que estamos dispuestos
a reconocer.

28

Resulta doloroso comprobar que las víctimas
inconscientes de su pasado hacen víctimas a otras

personas. Los mismos que se quejan de la ingratitud ajena no tienen inconveniente en ser ingratos, y con frecuencia, quienes se sienten insatisfechos con su vida intentan robar la satisfacción a otros. La explicación de estos paradójicos comportamientos tal vez haya que buscarla en los traumas reprimidos y los complejos no superados de los implicados. Como quiera que sea, la única manera de romper ese bucle infernal y conjurar el fantasma de la repetición es verse a uno mismo tal cual es y atreverse a vivir conscientemente.

29

La distancia entre lo que somos y lo que nos gustaría ser da la medida de nuestra insatisfacción personal, y representa el más fiable predictor de nuestra posibilidad de gozar de una buena vida.

30

Desde que nacemos hasta que morimos se nos invita a transitar por este mundo más como turistas que como viajeros, a recorrer el itinerario previsto pero no a seguir un rumbo propio, a ir tras el espejismo de la felicidad pero no a buscarnos a nosotros mismos, a ser convencionales pero no a vivir con autenticidad. Una visita guiada, estadísticamente hablando, es el destino de la mayoría.

31

Si nos queremos a nosotros mismos, tarde o temprano necesitaremos desobedecer los mandatos sociales. Si aspiramos a llegar a ser los que somos, no nos quedará más remedio que defraudar las expectativas que, por el motivo que sea, se nos han asignado. Si pretendemos mantener una mente serena y lúcida, nos veremos obligados a reevaluar constantemente nuestras certezas.

32

Hay muchas formas de malgastar la vida, pero una de las peores es dejar de preguntar y buscar, rendirse a la tranquila desesperación del conformismo, convencerse de que los placeres de la imaginación no son para uno y renunciar a que las cosas nos sorprendan.

33

La vida es un experimento filosófico en tiempo real, en el que podemos participar en calidad de espectadores o de actores, como sujetos pasivos o agentes. Afrontar las dificultades de la existencia como estados mentales transitorios o como ultrajes a soportar con más o menos resignación o amargura, es decisión nuestra y de nadie más.

34

Si entendemos la jardinería como una «actitud», podemos hablar con propiedad de arquitectos, profesores, médicos, escritores… jardineros. Todos estos profesionales se distinguen por la misma vocación de cuidar y cultivar. Calificarlos de humanistas tiene todo el sentido, ya que ese término proviene del vocablo latino *humus*, la tierra negra de plantación. Además de un sustantivo, jardinera o jardinero es un epíteto aplicable a quienes sienten amor por lo que hacen. Su trabajo representa no solo un medio de vida, sino una fuente inagotable de satisfacción.

35

Mientras unos sienten la imperiosa necesidad de ser
lo que hay que ser, otros anhelan demostrar de lo
que son capaces.

36

Cada época tiene sus palabras fetiche, clave, talismán,
vocablos rodeados por un halo de trascendencia.
«Trauma» es uno de los sustantivos que goza de más
predicamento en nuestros días. No solo lo emplean
los médicos y los psicólogos sino también los
educadores y los políticos. Ese término y las
asociaciones que despierta hablan del vacío interior,
que nunca colmaremos comprando cosas, ingiriendo
pastillas o consumiendo servicios.

37

La disponibilidad sin límites a la que nos han
acostumbrado las plataformas digitales, nos crea una
falsa impresión de libertad y nos causa insatisfacción.
Las crecientes posibilidades de elección no implican
un mayor cumplimiento de nuestros deseos ni un
aumento de nuestra soberanía personal. Nuestra
servidumbre no nace de la carencia sino del exceso de
opciones. Estamos siendo privados de autonomía por
la ausencia de privaciones a nuestras apetencias. He
aquí la lógica perversa de la sociedad de la abundancia,
la desmesura y el derroche en la que vivimos.

38

Para navegar en la complejidad del tumultuoso mundo
contemporáneo sin perder el norte magnético,

extraviarte en la bruma del relativismo o ahogarte en el sinsentido y la insatisfacción, necesitamos fabricar nuestra propia brújula interior.

39

En ausencia de un maestro que nos guíe, no nos queda otro remedio que convertirnos en autodidactas y acometer solos la tarea de autoengendrarnos, desnacer y reconcebirnos para llegar a ser lo que somos.

40

Ariel, que fatigó sus días leyendo las obras de los clásicos y los modernos en busca de respuestas, ignoraba que no todo se puede aprender en los libros. No descubrió quién era hasta que bajó de la torre de marfil a la tierra y, renegando de sus pretensiones intelectuales, empezó a cultivar un humilde jardín en el patio trasero de su casa, llevado más por el deseo de enterrar sus ilusiones perdidas que por el amor a las plantas. Lo que empezó siendo una renuncia, pronto se convirtió en su razón de ser. Tan cierto como que vivir divorciados de nuestro auténtico yo nos enferma es que, para descubrir la verdad sobre nosotros mismos, debemos abandonar la seguridad de nuestro refugio y, como Ariel, aventurarnos en lo incierto.

41

Nadie puede ayudar a la sanación espiritual de otra persona sin haberse curado antes o, lo que es lo mismo, sin haberse reengendrado. La principal credencial de una o un guía, gurú, mentor, médium, chamán… o como quiera que llamemos a esa persona dos veces nacida, es haber transfigurado su viejo yo. Su fortaleza psíquica proviene justamente de esa muerte iniciática.

42

Somos gestados por partida doble, en el vientre de nuestra madre y en el seno de la sociedad, pero para nacer al espíritu debemos procrearnos a nosotros mismos.

43

El último recurso, antes de renunciar a transformar una realidad que se percibe como injusta y rendirte, es transformarte a ti mismo. La salvación se encuentra dentro, y no fuera como pretendemos.

44

Esforzarse en hacer de lo doméstico algo emocionante, en devolver el brillo a las cosas cotidianas y en dar relevancia a lo pequeño es una forma de rebelarse contra una sociedad que preconiza el consumismo irreflexivo y la felicidad anodina.

45

Todos conocemos a personas que, con independencia de su formación, su estatus o su edad, sortean las penalidades de la existencia sin dejarse atrapar por la amargura y el resentimiento; y a otras que, por el contrario, en parecidas circunstancias, son presa de sentimientos negativos e impulsos destructivos, y se tornan rencorosas y crueles. Me pregunto qué secreto comparten esos individuos que no se dejan hundir con facilidad, cómo hacen para no caer en la desesperanza. Sea cual sea la respuesta, no cabe duda de que la alegría nace de superar las adversidades, e incita a no rendirse, mientras que la felicidad elude el cambio y nos paraliza. Cuando nos hiere el rayo del destino y quedan reducidas a cenizas nuestras seguridades, recordemos que la semilla del cambio germina en ese fértil humus.

46

El azar es el coautor de la novela que tú firmas. No faltará quien llame destino al argumento de esa ficción autobiográfica escrita al dictado de la caprichosa fortuna. Pregúntate cómo sería tu vida si una cadena de acontecimientos fortuitos, impredecibles y aleatorios no te hubiera llevado a ser el que eres, ni te hubiera traído hasta aquí. Está claro que no puedes elegir las cartas que te han tocado en suerte, pero sí cómo jugar la partida.

47

Antes o después, todos los caminos conducen a la misma encrucijada: reengendrarse o huir de uno mismo, renovarse interiormente o cambiar de aires. Todos nacemos y morimos varias veces en esta vida, que no es sino una sucesión de reencarnaciones. Acaso la forma más inteligente de transformar la realidad sea convertirse en otro.

48

Se puede anticipar el porvenir de alguien leyendo su rostro y su cuerpo, descifrando los augurios encerrados en sus facciones y sus gestos. Las miradas y los andares de una persona indican su carácter, que, a decir de Heráclito, es su destino. El futuro que le aguarda está cifrado en sus rasgos y ademanes, tanto o más que en su carta astral o en las líneas de su mano. Solo los conocedores del alma humana saben interpretar esos presagios.

49

Nuestra salud física y mental es indisociable de la del planeta. El bienestar social se halla íntimamente relacionado con la calidad ambiental. La actual degradación de la biosfera corre pareja a la precarización de la vida, y la sobreexplotación de los recursos conlleva asimismo un aumento de la desigualdad económica. Si la casa es el espejo de uno mismo, el deterioro de las condiciones de habitabilidad de la Tierra habla de una humanidad desquiciada, obsesa e irresponsable.

50

El proceso de hominización no ha acabado, ni mucho menos. La evolución del primate humano prosigue. Pero jamás llegaremos a ser la especie que podríamos llegar a ser sin desprendernos de nuestra visión antropocéntrica y entender que somos parte de un todo vivo.

51

El único remedio contra el malestar de la cultura es el bienestar de la naturaleza. Cuando nos desconectamos de esta, nuestra brújula interior se desimanta y únicamente podemos extraviarnos.

52

El tónico de lo salvaje, del que hablaba H. D. Thoreau, tiene un efecto benéfico sobre nuestras distraídas mentes, nuestros tensionados cuerpos y nuestros alienados espíritus. Sin esa dosis de vitamina N, enfermamos, por más que no seamos conscientes de ello.

53

El poder restaurador, curativo y sanador de la naturaleza en general, y de la jardinería y de la horticultura en particular, se halla fuera de toda duda. Cuesta imaginar otra actividad que ofrezca tantos beneficios y de tantos tipos a tantas personas y de tan diversa condición: enfermos mentales, alumnos disruptivos, reclusos, ancianos con demencia o alzhéimer, veteranos de guerra, niños con cáncer, extoxicómanos… La razón es sencilla: somos hijos de la tierra. La propia etimología de la palabra humano nos recuerda esa filiación con el humus.

54

El tercer día, según el *Génesis*, Dios creó la tierra firme y las plantas, pero no fue hasta el sexto cuando pobló su superficie con animales y dispuso que el ser humano se cuidase de su Creación. Durante tres interminables jornadas los árboles se enseñorearon del mundo, mientras desarrollaban un idioma de luz. Un desconocido cabalista medieval, Saúl Hebreo, especuló con la posibilidad de que sus patrones de ramificación siguieran reglas gramaticales. La grafía de las copas —cónicas, redondeadas, columnarias, en abanico, en punta de lanza…— encerraba a su parecer significados ocultos. Las características siluetas de las acacias, los cipreses, los robles, las coníferas, los olmos y demás especies arbóreas representaban ideogramas de un misterioso alfabeto místico y mágico. Hebreo fatigó sus días y sus noches buscando una clave de interpretación que le permitiese leer los paisajes arbolados. Fruto de ese titánico esfuerzo imaginativo es su magna obra *Arboretum graphica*.[28]

Esta historia podría acabar aquí, como una de tantas alocadas tentativas del genio humano de descifrar el lenguaje de la naturaleza, pero dio un giro inesperado cuando, siglos más tarde, su inclasificable libro cayó en manos del botánico francés y polígrafo ilustrado Henri-Louis Duhamel du Monceau, quien se propuso componer parques de acuerdo con la esotérica gramática visual descrita por Hebreo, con tan buena fortuna que logró hacerse un nombre como jardinero. Si bien muy pocas de sus creaciones han llegado hasta nuestros días y la mayoría de las plantaciones originales apenas han sobrevivido, los testimonios escritos de sus contemporáneos destacaban su belleza, que no dejaba indiferente a nadie y tenía el poder de transformar a los visitantes, como la lectura de un buen libro.

Un extenso *corpus* de investigaciones recientes demuestra con sólidas pruebas científicas lo que Saúl Hebreo y Duhamel du Monceau ya intuyeron en su momento: los árboles transmiten mensajes a quien sepa leerlos con los ojos (no los de la cara, los del corazón). Con respecto a cómo se comunican con nosotros, aún nos encontramos en los inicios, pero se ha verificado empíricamente que la interacción con ellos mejora nuestras funciones cognitivas y reduce nuestros niveles de ansiedad. Son muchas las evidencias cuantitativas de que nos proporcionan bienestar físico y mental, además de arraigo y propósito, entre otros muchos beneficios que todavía no hemos sido capaces de expresar en palabras. Las fuentes antiguas y los estudios modernos parecen estar de acuerdo en que los árboles nos hacen un bien insospechado y se relacionan con nosotros de maneras que no somos capaces de discernir en toda su complejidad.

55

Con el poético término «petricor» se designa
la fragancia que desprende la tierra empapada por la
lluvia tras una prolongada sequía. Este característico,
reconfortante e intenso aroma, que los perfumistas han
intentado captar y comercializar, se produce cuando las
gotas golpean las hojas de las plantas y estas liberan
substancias volátiles, que se combinan con el ozono del
aire y la geosmina del suelo. Esta última es el producto
metabólico de la actividad de unas actinobacterias
llamadas *Streptomyces coelicor* y otras cianobacterias,
cuyos efluvios consiguen relajarnos e inducirnos un
estado de hondo bienestar, algo que conocen bien
todos los jardineros. Ese poderoso efecto antiestrés,
similar al de la serotonina, podría explicar las
propiedades terapéuticas de la jardinería y la
horticultura. Cada jardín, cada huerto, cada terreno
cultivado posee un olor singular, su propia huella
olfativa, puesto que las comunidades bacterianas que
prosperan en cada trozo de tierra son diferentes.

56

La vitamina N nos alivia del disgusto de vivir y repone
nuestra energía perdida. Desconectados de nosotros
mismos, volvemos la mirada hacia la naturaleza en
busca de raíces y alas, de sentido y trascendencia, de un
hogar y un destino.

57

Acaso porque los dramas humanos parecen irrelevantes
frente al majestuoso espectáculo de la naturaleza, nos
consuela y reconforta pasear por los bosques, contemplar
el océano bravío o ascender a las cimas de las montañas.

El ser humano no descubre la belleza natural, sino que la crea. Deleitar la vista y el espíritu en el paisaje nos alivia de la fealdad del mundo que abruma nuestro ánimo. La armonía externa reverbera en nuestro interior.

58

Adentrarse en un bosque es una experiencia vivificante. Sentir nuestra pequeñez en medio de la espesura tiene algo de redención. La conciencia de nuestra insignificancia nos consuela de la mísera y desdichada condición humana, y nos predispone a comprender que estamos indisociablemente unidos a los demás seres vivos. Un sentimiento de asombro, arrobo y humildad nos embarga al contemplar la belleza natural. Los bosques son espacios regenerativos, porque nos permiten reengendrarnos vital y espiritualmente. Nos ayudan a restaurar el equilibrio interior, reponer la vitalidad perdida y aliviar la tensión, la ansiedad y las preocupaciones que emponzoñan nuestras existencias.

59

La naturaleza sana, porque habla directamente al alma sin palabras y nos hace despertar a una de las verdades más hondas y antiguas: somos parte de un todo. Si entendemos eso, actuaremos con compasión de forma espontánea.

60

En las mal llamadas sociedades del bienestar, la proliferación de ecoterapias y recetas de cuidados verdes evidencia tanto el aumento del malestar psíquico o espiritual como la imperiosa necesidad de sus ciudadanos de reconectar con la propia naturaleza a través de la Naturaleza. Abundan las granjas de rehabilitación, las escuelas bosque, los gimnasios verdes, los centros de hortiterapia y de jardinería terapéutica, entre otras muchas intervenciones imaginativas basadas en el poder reconfortante y curativo de la naturaleza. Lo mismo en el abordaje de las enfermedades mentales y los trastornos del ánimo como en las curas de desintoxicación y los programas de reinserción de absentistas escolares e internos en prisiones, lo mismo en el tratamiento del duelo y del dolor crónico como en los cuidados paliativos, las plantas y los animales han adquirido un inusitado protagonismo en los últimos tiempos, como si su compañía pudiera hacer más llevadero el esfuerzo de vivir.

61

Si alguien se muestra insensible a la belleza de las flores, es muy probable que padezca algún trastorno del ánimo o del ánima. Semejante apatía representa un indicio de depresión nerviosa tan claro como el insomnio o la falta de apetito.

62

Numerosos estudios demuestran que las personas que habitan cerca de entornos arbolados, jardines o parques públicos tienen menos riesgo de padecer depresión, ansiedad, estrés o problemas cardiorrespiratorios. En parte porque las plantas mejoran la calidad del aire al absorber contaminantes atmosféricos, y en parte porque alivian la fatiga mental y restauran nuestras capacidades atencionales sobrecargadas por el frenesí urbano y las exigencias laborales. Añádanse a estos beneficios físicos y psíquicos otros sociales: animan a la práctica de actividades al aire libre, reducen la sensación de soledad y refuerzan los vínculos comunitarios y el sentimiento de arraigo y pertenencia. De ahí también que se produzca una significativa reducción de los casos de delincuencia y vandalismo en los barrios donde se han incrementado los espacios verdes.

63

Existe una boyante industria del turismo psicoespiritual, que asocia el poder sanador y curativo de la naturaleza con la mitología del cambio personal y la autorrealización. Estos turistas espirituales aspiran a ser la mejor versión de sí mismos, sin cuestionarse muchas veces su insostenible estilo de vida. En la actualidad, un halo de misticismo rodea a la palabra «naturaleza», que lo mismo sirve para vender cosméticos o terapias alternativas, que escapadas vacacionales. Por fortuna, la fuerza purificadora y regeneradora de los bosques, los jardines, los huertos, se resiste a ser asimilada por el capitalismo y convertirse en un nicho de negocio más.

64

Si ya no parece posible una revolución, acaso sea porque gran parte de la ira social se canaliza hacia la búsqueda de soluciones individuales a los conflictos colectivos, cuando no busca una válvula de escape en el adocenado entretenimiento de masas y la ilusión parpadeante de las pantallas. En vez de cuestionar la ideología dominante y los mandatos sociales que nos enferman, no pocas personas optan por transformarse a sí mismas, siguiendo alguna de las muchas terapias psicoespirituales en boga. Trasladan el campo de batalla a su interior y, por así decirlo, libran una lucha contra su ego, sus temores o sus expectativas en un intento de recobrar las ganas de vivir, soportar mejor la realidad y autorrealizarse.

65

La vieja aspiración filosófica de conocerse a sí mismo ha cedido el terreno al mandato mercantilista de convertirse en una marca personal. A este propósito, publicitarse y venderse resulta más importante que ser dueño de uno mismo. El ideal de vida ya no consiste en esculpir tu mármol y cincelar tu propia estatua, sino en escoger el filtro ético, estético o político más adecuado para ofrecer la imagen deseada.

66

Resulta irónico y revelador que, como nos recuerda la literatura sapiencial, la mejor manera de ser dueño de uno mismo consista en desprenderse del ego. Ciertamente, el único modo en que el anonimato resulta tolerable para los animales racionales es diluyéndose en el grupo, pasando a formar parte de una comunidad de almas o espíritus afines. Pero la actual mitología de la superación personal y la retórica de la autorrealización han entronizado el yo en detrimento del sentimiento de fraternidad, y han extendido la tan absurda como infecciosa idea de que para realizarte debes preocuparte solo por ti y olvidarte de los demás. Sin embargo, no hay mejor manera de ser feliz que hacer feliz.

67

El perverso argumento del pensamiento positivo, según el cual, si no te han ido bien las cosas, es porque te has esforzado poco o has utilizado estrategias inadecuadas, responsabiliza en exclusiva a la víctima de su fracaso, pasando por alto los imponderables socioeconómicos.

68

Hay algo aberrante en que las personas practiquen meditación, *mindfulness*, yoga, o se apunten a cursos de resiliencia o terapias varias para poder cumplir con los tóxicos mandatos sociales de ser productivos, jóvenes y felices, o resistir el estrés de la inseguridad laboral.

69

La desmesura es el mal de nuestro siglo, marcado por el frenesí consumista. Frente a la sabiduría clásica que exhortaba a «nada en demasía» (Apolo), «mantén la medida en todo» (San Benito) o «sigue el camino de en medio entre dos extremos viciosos» (Aristóteles),[29] nuestra época rinde culto a la celeridad, la inmediatez y el exceso. Hasta que no entendamos que abrazar la pobreza voluntaria es la única manera de preservar las riquezas verdaderas, seguiremos empeñados en consumir cosas superfluas con las que colmar necesidades artificiales para agradar a personas a quienes les somos indiferentes.

70

Protégeme de mis deseos: es una vieja plegaria que no ha perdido validez en estos tiempos de falsas urgencias, en los que todo está permitido con tal de incentivar el consumo y captar nuestra atención, aunque no sepamos a quién o qué dirigirla.

71

Nadie se engañe, la única manera de crecer de forma sostenible es hacia dentro, en un plano espiritual y no material, maximizando la compasión y el significado. No por nada, el crecimiento personal se asocia con el desprendimiento voluntario, y el enriquecimiento interior con vaciarse de necesidades superfluas y atesorar sabiduría. En un mundo mejor, ir a menos (consumo, dependencia, trabajo) significaría ir a más (autonomía, libertad, ocio creativo).

72

En aras de alcanzar la calma interior, la paz de espíritu o la imperturbabilidad anímica, todas las tradiciones espirituales y filosóficas han promovido, en mayor o menor medida, el desapego material y emocional. Las renuncias voluntarias aligeran nuestra alma o psique para que, sin el lastre de las expectativas, pueda elevarse. Esa actitud desprendida contrasta vivamente con la ansiedad por poseer de las actuales sociedades de la abundancia y la acumulación que, paradójicamente, se muestran más obsesionadas que nunca con el bienestar y la felicidad.

73

Máxima mínima: ralentizar y simplificar para tener una vida con sentido y ser capaces de encontrar la alegría en las cosas pequeñas.

74

Acordaos de actuar siguiendo la vieja regla de vida que dicta: no hagáis a otro lo que no deseéis que os hagan a vosotros. Otra posible versión de ese principio de correspondencia es: recibiréis lo que deis. O para decirlo más claramente, resulta preferible que sufráis injusticias a cometerlas.

75

Casi nunca estamos a la altura de nuestros ideales, pero debemos intentar vivir acorde con nuestras ideas, predicar con el ejemplo o, mejor aún, ser ejemplares y no predicar.

76

Si admitimos que nuestras neuronas se comunican con nuestro sistema inmunológico, parece razonable suponer que las emociones condicionan nuestra salud física y mental. Desde esta perspectiva, ninguna disciplina procura más nuestro bienestar anímico y también corporal que la filosofía, pues nos enseña a pensar con claridad y a vivir con plenitud, cultivando el desapego compasivo.

77

Ante el eterno dilema de huir o luchar, siempre cabe la opción de aceptar los hechos sin resignación ni amargura. Según una creencia compartida por muchos sabios, clásicos y modernos, la mejor actitud a la hora de encarar los reveses de la existencia es hacer de tripas corazón. Los latinos tenían una expresión para describir esa disposición de ánimo: *amor fati*, amor a lo que nos toca en destino o nos trae la suerte, del que haría bandera el filósofo Friedrich Nietzsche en su obra *La gaya ciencia*.[30] Una buena formulación de esa filosofía de vida sería: si no consigues lo que deseas, al menos desea lo que consigues. O dicho de forma telegráfica: sucede lo que conviene. A esa misma aceptación tranquila de lo que acontece invita el lema estoico «aguante y paciencia». Epicteto resumió el secreto de la serenidad con estas palabras: «No pretendas que los sucesos sucedan como quieres, sino quiere los sucesos como suceden y vivirás sereno».[31] En no pocas ocasiones, se requiere más valor para asumir la realidad sin aspavientos ni paliativos que para rebelarse. En cuanto adoptas esa forma de pensar, las adversidades adquieren un nuevo significado.

EL OFICIO DE CULTIVAR PERSONAS O DE LA EDUCACIÓN

«Los buenos profesores, los que prenden fuego a las almas nacientes de los alumnos, son tal vez más escasos que los artistas virtuosos o los sabios».[32]

GEORGE STEINER,
LECCIONES DE LOS MAESTROS

1

La analogía entre enseñanza y jardinería se remonta a la Grecia clásica. Platón, el padre de la filosofía, ya hablaba de «sembrar las mentes», por no mencionar que las primeras escuelas de pensamiento se desarrollaron en espacios cultivados. Tendemos a olvidar que la Academia platónica, el Liceo aristotélico, el Jardín de Epicuro o el gimnasio de Cinosarges eran parques. Se podría resumir la visión tradicional de la educación diciendo que trata de convertir en un jardín el páramo inculto de una mente infantil. Rousseau será el primero que cuestione las ventajas de encorsetar la naturaleza humana y podarla en demasía o inadecuadamente. Este debate sigue vigente en nuestra época, solo que en otros términos. Dejando aparte la conveniencia, o no, de recortar las inclinaciones naturales de los menores y hasta dónde, cuándo y cómo hacerlo, un docente representa un tipo de jardinero muy especial, que planta la semilla de la curiosidad en sus alumnos para que estos florezcan por dentro.

2

El futuro de los países se gesta en los centros escolares. Los artífices de su prosperidad material y espiritual son sus educadores. El prestigio del que goza su figura dice mucho de la confianza de un estado en su porvenir, así como de la fortaleza de su fe democrática. En las aulas de primaria y secundaria se ensayan los valores rectores de nuestra sociedad: respeto a la diferencia, igualdad de oportunidades, libertad de pensamiento, reconocimiento del mérito ajeno, entre otros.

3

A varios expertos en distintos campos les formularon
la misma pregunta: ¿cuál es la mayor amenaza que
afronta la humanidad en nuestros días? El cambio
climático, las armas de destrucción masiva, la
inteligencia artificial, la explosión demográfica,
fueron algunas de sus previsibles respuestas.
Solo un especialista en educación contestó algo que
nadie esperaba, ni supo rebatir: «La indigencia
intelectual». Dejó escapar un suspiro y puntualizó
en un tono que delataba su preocupación: «Cada vez
nos cuesta más concebir siquiera un orden social o
económico alternativo. La atrofia de la facultad de
imaginar soluciones nuevas pone en grave peligro
nuestro futuro».

4

El actual descrédito de la democracia y el auge del
populismo están directamente relacionados con la
precarización de la enseñanza, cada vez más volcada
en las nuevas tecnologías de la educación (TIC) en
detrimento de las viejas tecnologías de la
comunicación, a saber: el diálogo inter e intrapersonal,
la reflexión crítica y el debate. Asistimos a los efectos
corrosivos de un fracaso escolar prolongado.
El empobrecimiento de la comprensión lectora,
sumado a la dificultad de concentrar la atención,
está minando la fe democrática de los ciudadanos
y su libertad de pensamiento.
   Cada vez son más las personas a las que les cuesta
leer la realidad, formarse un criterio y discernir las
manipulaciones. Su ceguera para percibir que serán
los principales perjudicados por las políticas de los
candidatos que votan pone en evidencia el fracaso de
la educación pública y la hipocresía de unos mandatarios

más interesados en halagar las emociones de la
gente que en formar su juicio, en aprovecharse
de su ignorancia que en animarlos a servirse de su
propio entendimiento.

No por casualidad el verbo «cuidar» procede del latino
cogitāre, que significa «pensar». La etimología nos
recuerda que, sin el humus fertilizante del pensamiento
crítico, no hay florecimiento humano. Como saben todos
los que se dedican al oficio de cultivar personas, los
frutos del mañana se encuentran en la simiente de hoy.

5

Nada está libre de intereses económicos e ideológicos,
y mucho menos la escuela, donde se escenifican la
mayoría de las contradicciones sociales. Una de las
más llamativas es que, mientras las obligaciones de
los docentes aumentan, pues se delega en ellos desde
la formación emocional a la alimentaria, pasando por la
vial o la ciudadana, el reconocimiento público de su
labor disminuye. Por si esto fuera poco, al tiempo que
la desigualdad económica y social crece por todas
partes, se destierra de las aulas el principio de
autoridad en favor de un supuesto igualitarismo y un
equívoco ideal democrático. Añádase a todos estos
males el hecho de que, mientras el mundo se vuelve
más complejo, multicultural e interdisciplinar, la
enseñanza se uniformiza y especializa.

6

El discurso de la pedagogía moderna se ha contaminado
de la retórica empresarial. En aras de una supuesta
eficiencia de las instituciones educativas, se habla de
planes estratégicos, de rendimiento y fracaso escolar,
de gestión emocional, de balances de resultados, de

emprendimiento e innovación, entre otras muchas expresiones que desprenden un tufo economicista. Semejante terminología delata cuál es el actual propósito de la enseñanza, orientada cada vez más a que los alumnos cumplan las expectativas asignadas por una sociedad neoliberal y no a realizar su proyecto de futuro.

7

Asistimos a una despiadada lucha sin cuartel por captar nuestros datos y secuestrar nuestra atención. Algunas corporaciones han puesto precio a nuestra cabeza y no escatiman medios ni recursos para atraer nuestro interés a cualquier coste. No es casual que el número de niños y adolescentes diagnosticados de trastorno por déficit de la atención vaya en aumento. Se calcula que una parte significativa de los alumnos de primaria y secundaria son incapaces de atender más allá de unos pocos minutos las explicaciones de sus maestros y profesores.[33] La decisión de *gamificar* el aprendizaje, impulsada por las reformas educativas, presupone erróneamente que, si las actividades resultan más divertidas, los más jóvenes se concentrarán más en lo que hacen y aprenderán sin esfuerzo. Pero el apetito de conocimiento llega comiendo, es decir, esforzándose. La actual crisis de la atención no solo contribuye a los bajos rendimientos escolares y al descenso de los niveles educativos, sino a la propagación de la epidemia de soledad, depresión y ansiedad que nos aflige.

8

Otros vendrán que nos juzgarán por no haber regulado ni sometido a estrictos controles las tecnologías disruptivas, permitiendo la sobreexposición de los menores a las pantallas.

9

Sería irónico, si no resultara también preocupante, que por término medio las nuevas generaciones consulten el *smartphone* entre 150 y 200 veces al día y, sin embargo, no pierdan ni un minuto en contemplar las maravillas naturales que nos rodean; que manejen con soltura aplicaciones digitales, pero sean incapaces de distinguir un árbol de otro; que entiendan las implicaciones del cambio climático y la importancia de reciclar, pero ignoren cómo cultivar un tomate.

10

El día, no muy lejano, en que la enseñanza deje de ser un oficio vocacional para convertirse en una profesión tecnológica, «educar» habrá dejado de ser una acepción del verbo «cultivar».

11

Los *jardinopedas*, si se me permite este neologismo para designar a aquellos educadores con vocación de cultivadores, siembran en la mente de los alumnos las semillas de una cosmovisión biocéntrica, a fin de que germine y florezca una nueva conciencia planetaria en las generaciones que heredarán nuestro maltrecho mundo. Educar para vivir en el Antropoceno y revertir en la medida de nuestras posibilidades la catástrofe medioambiental en curso, o conformarnos con administrar el final del mundo tal y como lo conocemos, ese es el dilema.

12

En la jardinería se puede prescindir del riego, la poda, los fertilizantes, los fitosanitarios…, pero no del amor y la dedicación. El jardín que no necesita atención y cuidados aún está por crearse. Esta declaración conserva todo su valor si sustituimos el término «jardín» por «aula». El ojo del jardinero hace florecer los vástagos, tanto da si son vegetales o humanos.

13

Podemos decir de los alumnos disruptivos lo mismo que Ralph Waldo Emerson escribió de la flora espontánea y oportunista: «Una mala hierba es una planta cuyas virtudes todavía no conocemos».[34] Esos niños y adolescentes difíciles y malqueridos ponen a prueba la paciencia y las habilidades de sus educadores, y los fuerzan a replantearse su oficio. Como cualquier jardinero experto, descubren con ellos que poner límites es una forma de mostrar el cariño y transformar el desorden en belleza.

14

Nuestra manera de cultivar y de educar se hallan íntimamente conectadas. Una se refleja en la otra, y las dos cambiarían decisivamente si entendiéramos que nuestra salud y la del planeta dependen de cuidar la salud del suelo y de la mente. Solo así podremos aprovechar la capacidad regenerativa de la tierra y de la conciencia.

15

La formación permanente y el aprendizaje continuo no es algo privativo de los animales racionales. Los árboles también son grandes *aprendívoros*. Sus múltiples estrategias de adaptación a todo tipo de hábitats representan una buena prueba de ello. Sirva de ejemplo el huarango (*Prosopis pallida*). Este árbol, oriundo del valle de Ica, una desértica franja de tierra entre los Andes y el Pacífico, posee el sistema radicular más profundo que se conoce. Sus raíces pueden hundirse hasta setenta y cinco metros en busca de agua. Esa legendaria capacidad de supervivencia se ha ido transmitiendo y perfeccionando de generación en generación.

16

Si la didáctica tiene un objetivo, este debe ser pasarlo bien aprendiendo. Pero una cosa es instruir deleitando y otra bien distinta conceder a la diversión y el entretenimiento el protagonismo de la educación. Sin esfuerzo continuado, no hay recompensa duradera.

17

En la balanza del logro el fiel se inclina más a favor de la tenacidad que de la inteligencia. El entusiasmo, a la postre, pesa más que la ambición y el esfuerzo sostenido da la medida de nuestras posibilidades.

18

Algo que muchos expertos pedagogos y políticos de la educación no parecen entender es que saberse ignorante despierta la curiosidad, que es el auténtico carburante del aprendizaje. He ahí el significado de la memorable máxima «solo sé que no sé nada», con la que Sócrates replicó a su amigo Querofonte cuando este le comentó que la pitonisa del Oráculo de Delfos lo había señalado como el hombre más sabio de Atenas. Si el padre de la filosofía hizo profesión de su ignorancia, no fue por falsa modestia, sino para recordar que el amor por el saber se despierta al asumir nuestro desconocimiento. En cambio, el imperante populismo pedagógico sobrevalora los talentos de los menores, los insta a aprender jugando y les hace creer que no necesitan esforzarse, lo que abona la pereza y la indiferencia de los estudiantes y empobrece sus capacidades de razonar e imaginar.

19

Una gran mayoría de las cosas que hacen más soportable la existencia —la curiosidad, el asombro, el diálogo genuino, el amor desinteresado— proceden justamente de no saber; mientras que la certeza, el convencimiento y la seguridad arruinan el gozo de pensar y actuar creativamente.

20

La superstición burocrática de que basta poner por escrito algo para que se cumpla, está comprometiendo el frágil, complejo y delicado ecosistema escolar, en vez de hacerlo más eficiente. Por fortuna, todavía hay muchos docentes, inmunes al desaliento y las incongruencias de la política educativa, que no han perdido de vista el sentido de su labor y se resisten a igualar hacia abajo a los alumnos a su cargo, afanándose por trasmitirles el contagioso gozo de aprender. Esos educadores no se contentan con cumplir las normas y asumir su papel en la gran farsa. Lejos de resignarse y bajar los brazos, se empeñan en levantar la mano para preguntar qué sentido tiene llenar informes por el mero hecho de llenarlos.

21

El avance del populismo es la máxima expresión de la crisis de la educación pública, que, por culpa de buenas teorías mal entendidas, ha incumplido su sagrado deber de preservar la igualdad de oportunidades y ha optado por maquillar el fracaso y el absentismo escolar, no pocas veces con el beneplácito de las víctimas, en lugar de transformar la realidad. Cuando las buenas intenciones se alían con la falta de realismo, la condescendencia y el conformismo afloran.

22

El buen educador procura ser didáctico huyendo del didactismo, hace respetar las normas evitando caer en el normativismo, y actúa con rigor sin pecar de rigorista. Tiene en cuenta que las virtudes llevadas demasiado lejos se convierten en vicios. La perseverancia, el esmero y la dedicación sin medida se tornan obsesión, manía e inflexibilidad. Y lo mismo podría decirse de la paciencia, la prudencia, la humildad y demás. Se distingue por enseñar a sus educandos a decir no de manera apropiada, a parar en el momento oportuno y a suspender el juicio cuando procede.

23

Por las mismas y buenas razones que defendemos la diversidad biológica, deberíamos abogar en favor del pluralismo de opiniones, combatir el monocultivo ideológico y la tendencia al pensamiento único. Un ecosistema físico e intelectual es tanto más resiliente y próspero cuanta más variedad alberga. La capacidad de conversar con quienes no estamos de acuerdo distingue a las personas cultivadas, y constituye el pilar de una buena educación cívica. Solo por eso, la figura de los educadores habría de gozar de un gran reconocimiento y valoración social. La desinformación propagandística da más réditos políticos a corto plazo que la educación de los ciudadanos, pero a la larga acaba allanando el camino a la polarización y el populismo.

24

A medida que se normaliza el uso de herramientas digitales en la educación, cobra mayor relevancia cómo y qué enseñar a las máquinas. Si los programadores trasmiten sus sesgos a los algoritmos de aprendizaje automático, sus aplicaciones adolecerán de los mismos prejuicios, y las innovaciones del llamado *e-learning* no lo salvarán de ser menos tendencioso. No faltan pruebas de que las tecnologías más avanzadas se ponen al servicio de las ideologías más retrógradas, y los dispositivos inteligentes promueven el oscurantismo. Si admitimos que somos en gran parte el resultado del aprendizaje, nada hay más necesario que una educación libre, crítica y ecuánime.

25

Civilización o barbarie representa una falsa disyuntiva, pues sabemos que la cultura no nos vacuna contra la iniquidad moral. Nos engañamos cuando pensamos que una educación refinada nos hace mejores personas. Abundan los ejemplos de espíritus elevados que cometieron las mayores bajezas. Algunas lecciones de la historia reciente avalan la idea de que la competencia intelectual y la brutalidad no están reñidas. La cultura puede hacernos más sensibles al sufrimiento ajeno, pero también anestesiar nuestra conciencia; puede alumbrar peligrosos delirios o enriquecer nuestra humanidad, conducirnos a un jardín de las delicias o a un desierto de progreso.

26

En teoría, todos compartimos cuál es el propósito fundamental de la educación: formar ciudadanos competentes, informados y éticos que sean capaces de contribuir al progreso y al bienestar social, pero en la práctica no nos ponemos de acuerdo sobre los métodos y medios para conseguirlo. La explicación de esta aparente paradoja es simple: por más que polemicemos sobre las formas, en el fondo estamos discutiendo acerca del modelo de sociedad en el que deseamos vivir.

27

El debate sobre la educación universal debe partir de que, sin igualdad de oportunidades, no se da una auténtica meritocracia, y que, sin esta, la democracia se convierte en una farsa interesada y un eufemismo del despotismo de las élites.

28

El más fiel predictor de nuestra posibilidad de gozar de una buena vida es nuestra curiosidad. Preservar intacta la capacidad de asombro es el mejor antioxidante conocido y, como ya hemos dejado escrito páginas atrás, el auténtico elixir de la eterna juventud.

29

Durante treinta y tantos cursos, doña Elisa entró a diario en el aula. Mientras que sus alumnos siempre tenían la misma edad, ella fue cumpliendo años. Al principio de su carrera, estos podrían haber sido sus hermanos pequeños, luego sus hijos y, por último, sus nietos. Lo que se espera ahora de una maestra difiere mucho de lo que se esperaba entonces. No solo han cambiado los métodos didácticos, las programaciones de las asignaturas y el sistema de evaluación, sino también las relaciones familiares, los canales de comunicación interpersonal y las prioridades sociales. Únicamente una cosa ha permanecido inalterable entre tantas y tan aceleradas transformaciones: el brillo en los ojos de los estudiantes cuando aprenden algo que los trastocaba.

La transmisión de saberes significativos se ha sustentado, generación tras generación, en la emoción del descubrimiento. Los maestros que merecen tal nombre han mantenido encendida esa llama sagrada desde la noche de los tiempos. El arte de educar consiste en provocar ese destello de asombro y curiosidad en la mirada de los alumnos, o eso pensaba doña Elisa. Poco antes de jubilarse, dejó una nota manuscrita pinchada en el tablón de la sala de profesores, que resumía una vida dedicada a la enseñanza en una sola frase: «Nuestro trabajo es cultivar el gozo de aprender».

SOMOS NATURALEZA
QUE SE ASOMBRA
DE SU EXISTENCIA
O DEL
LIBREPENSAMIENTO

«La mente humana está diseñada para ser tanto un científico como un abogado, tanto un buscador neutral de la verdad objetiva como un defensor inconsciente y apasionado de lo que *queremos* creer. Estos dos enfoques compiten por crear nuestra visión del mundo».[35]

LEONARD MLODINOW,
SUBLIMINAL

«Es un defecto muy común el de no estar nunca contento con la propia fortuna y nunca descontento con la propia alma».[36]

MADAME DE SABLÉ,
MÁXIMAS

1

Si bien hay tantas formas de pensar como personas, pensar es la única forma de ser humanos. Podemos preguntarnos por qué tantos individuos renuncian a reflexionar, máxime cuando esta es la principal manera que tenemos de afirmar nuestra pertenencia a la especie sapiens. La respuesta a esta compleja pregunta es sencilla, que no simple: se trata de la comodidad. Razonar es exigente, costoso en términos energéticos, y nos obliga a focalizar la atención. No resulta raro que las personas renuncien a discurrir para no tener que afrontar las contradicciones internas entre sus convicciones y sus acciones, y se resignen a obedecer para evitar hacerse preguntas incómodas. A pesar de ello, o tal vez por eso mismo, pensar creativamente es uno de los placeres más inequívocamente humanos.

2

Todos sabemos para qué sirve el dinero, pero son muchos menos los que entienden los beneficios de reflexionar críticamente. Sin embargo, nada resulta más útil y práctico que razonar con realismo y coherencia, si queremos ser dueños de nosotros mismos en vez de esclavos de ideas ajenas. Si no piensas por ti mismo, otro lo hará por ti.

3

Cuando nuestras conjeturas resultan fallidas, cuando los hechos no concuerdan con nuestras predicciones y nuestras expectativas quedan defraudadas, se produce en nuestro interior una disonancia cognitiva. En ese preciso momento se nos presenta el diablo del autoengaño, también conocido como el genio maligno del punto ciego, que nos invita a desacoplarnos de las evidencias y a abrazar falsedades convenientes. A menudo estamos más dispuestos a creer con pruebas insuficientes que a dudar con buenos motivos para poder seguir confiando en nuestra *realidad*. Como seres contradictorios e inconsecuentes que somos, preferimos abrazar la verdad que buscarla.

4

Hacemos muchas cosas por motivos de los que no somos conscientes, y a las que, a posteriori, buscamos una explicación o, para ser más precisos, una justificación racional. Muchos de los argumentos con que respaldamos nuestros modos de actuar tienen como propósito principal aferrarnos a la ilusión de que llevamos las riendas de nuestra vida y somos los protagonistas de nuestra historia. Intentan convencernos de que nuestras elecciones son deliberadas y cabales, pero a menudo ignoramos las auténticas razones que se esconden tras nuestros juicios y elecciones. Tal vez eso explique por qué nos cuesta tanto vivir conforme a los valores y principios que apreciamos.

5

Creemos ser fieles a nosotros mismos cumpliendo servicialmente expectativas ajenas, acatando consignas en circulación y subordinándonos al interés común. Ignoramos obedecer, porque llamamos principios a nuestras ligaduras, ideales a nuestros grilletes y pasiones a nuestras prisiones. Pero un librepensador es alguien dispuesto a estar en desacuerdo consigo mismo, a disentir de las ideas que ha heredado y a cuestionar lo que presupone saber.

6

Con frecuencia sostenemos tal o cual idea, porque muchos la consideran cierta. Si otorgamos más valor al consenso y a la opinión dominante que a la verdad, muy pronto las evidencias cederán el terreno a lo apropiado y a lo conveniente, se impondrá la tiranía de la mayoría e, ironías del sentido común, leyes injustas se acabarán convirtiendo en necesarias. La fidelidad a los hechos nos fuerza a ser unos perpetuos inconformistas.

7

No podemos dejar de ser nosotros mismos, comportarnos como hijos de nuestro tiempo y evitar pensar como primates humanos. Pero solo una persona capaz de atravesar con la imaginación esos barrotes puede considerarse verdaderamente creativa. Aventurarse fuera de la celda de los mandamientos inconscientes, salirse de los surcos del pensamiento trillado y escapar del campo gravitacional de los prejuicios: eso significa pensar libremente.

8

Los avances en inteligencia artificial, lejos de amenazar la inventiva y la creatividad humanas, contribuyen a realzar su valor y a dar medida de su relevancia. La capacidad de establecer analogías originales y asociaciones significativas entre áreas de conocimiento anteriormente separadas, de concebir algo que no existe y pensar fuera de los moldes establecidos, escapa a las posibilidades de los dispositivos electrónicos más avanzados, pero no así de quienes los inventaron. Antaño, como hoy, la tecnología más disruptiva es la imaginación creativa.

9

El aburrimiento tal vez sea la fuerza motriz de la civilización y el carburante de los cambios adaptativos. Pertenecemos a una especie curiosa por naturaleza, que detesta el tedio casi más que la incertidumbre, y por eso mismo asume riesgos innecesarios. La cultura humana puede ser vista como una cruzada contra la apatía, como una gesta para escapar de una existencia anodina. Los sapiens somos capaces de grandes proezas solo por dejar de bostezar y huir de la soporífera monotonía.

10

Se calcula que 117 mil millones de humanos han desfilado por este mundo desde que irrumpimos en escena, hace unos doscientos mil años. Durante ese tiempo nos hemos asomado varias veces al precipicio, hemos estado más de una vez al borde de la extinción, pero hasta ahora nuestra especie ha superado todos los desafíos, ha logrado salir adelante y avanzar, gracias al poder de su imaginación creativa. Se avecinan tiempos difíciles en este jardín situado en un rincón de la Vía Láctea, tiempos que pondrán de nuevo a prueba nuestra capacidad de mejorar lo existente, alumbrar algo nuevo y pensar lo impensado.

11

Si bien nuestra apariencia apenas ha cambiado en los últimos doscientos mil años, nuestros hábitos y costumbres no se parecen a los de nuestros antepasados. Gran parte de los llamados males de la civilización, desde el estrés a la obesidad, pasando por la ansiedad por el estatus, guardan una estrecha relación con el hecho de que el primate humano haya evolucionado mucho más rápido cultural que biológicamente. Conviene recordar que nuestra especie ha sido cazadora, recolectora y nómada el 99 por ciento del tiempo que lleva habitando la Tierra, y que solo en los últimos diez mil años se ha convertido en urbanícola sedentaria. En apenas veinte mil generaciones, hemos pasado del bifaz al *smartphone*, de vivir en cuevas a tripular naves espaciales. Basta rasgar la delgada capa de civilización del animal racional para que afloren el espíritu tribal y el pensamiento mágico, y salga a relucir el salvaje que llevamos dentro. Las secuelas de esta contradicción fundacional y definitoria de la condición humana se dejan sentir en todos los ámbitos, y no es el menor de ellos la crisis ecosocial.

12

La evolución modeló el cerebro humano, no para que nos formásemos una imagen de nosotros mismos coherente, objetiva y ajustada a la realidad, sino para que fuéramos capaces de adaptarnos a las circunstancias más adversas y sobrevivir a cualquier precio. La búsqueda de la verdad y el autoconocimiento nunca han sido nuestra prioridad. Así se entiende que estemos dispuestos a dar crédito a todo tipo de fantasías, invenciones, delirios, y a contarnos toda clase de ficciones, más o menos elaboradas, con tal de garantizar nuestra subsistencia. Todos somos negacionistas, en mayor o menor proporción. Preferimos aferrarnos a nuestras ilusiones antes que a las evidencias, muy especialmente cuando nos sentimos amenazados.

13

La inveterada aversión a la incertidumbre del animal humano lo predispone tanto al autoengaño como al pensamiento único. Muy pocas personas se percatan del valor de dudar para la supervivencia. El ejercicio del pensamiento crítico, con uno mismo y con los otros, aumenta nuestra flexibilidad mental, nos prepara para vivir en la inseguridad y nos ayuda a mantener un equilibrio, no por inestable menos duradero, en medio del caos reinante.

14

Preferimos creer mentiras confortables antes que verdades incómodas, falsedades consoladoras antes que feas evidencias. Toleramos mejor vivir en la contradicción que cambiar nuestra visión de los hechos. Nos cuesta más admitir que estamos equivocados que perseverar en el error.

15

Cada época reinventa la tragedia, y en la actualidad se plantea en clave ecológica. Nuestra desmesura o *hybris* ha desafiado a los dioses del clima y amenaza con destruirnos. Nos lamentamos, pero no hacemos lo necesario para evitar la devastación profetizada. ¿Por qué no actuamos? Porque nos creemos nuestras mentiras. ¿Por qué seguimos engañándonos? Porque, si no, nos veríamos obligados a cambiar nuestra forma de vivir. Esa es la razón de nuestra sinrazón.

16

En las oligarquías democráticas en las que vivimos, el librepensamiento se defiende en la teoría con fervor, mientras que en la práctica se combate con ahínco.

17

Necesitamos pensar distinto para no caer en la ilusión de que los hechos son objetivos y cuentan la verdad. La realidad no siempre es como parece. Una vieja historia, de la que circulan incontables versiones, puede ayudar a entender mis palabras.

El rey de los sasánidas cabalgaba por un bosque intentando despejar su mente antes de decidir si debía o no declarar la guerra a los enemigos del reino, cuando sus ojos repararon en una flecha clavada en el centro de una diana dibujada en el grueso tronco de un árbol. Un poco más adelante descubrió otra flecha, y luego una tercera y una cuarta, que también habían dado justo en el blanco. Asombrado por la puntería del arquero anónimo, se volvió hacia el jefe de su guardia personal y le ordenó que, sin más demora, lo buscara y lo trajera a su presencia. Pero su escolta intentó disuadirlo diciendo que se trataba de un redomado imbécil. Su contestación avivó, si cabe aún más, el interés del soberano, quien exclamó desconcertado: «¿Cómo puede un imbécil ser tan diestro con el arco?». «Muy fácil —contestó su interlocutor—, primero dispara la flecha y, a continuación, dibuja la diana a su alrededor». El rey se quedó pensativo unos instantes y luego comentó, esbozando una sonrisa: «Sabio proceder».

18

El filósofo Friedrich Nietzsche declaró que «tenemos el arte para no morir de la verdad»,[37] a lo que, casi cien años más tarde, replicó el narrador David Foster Wallace diciendo que esta última «te hará libre, pero no hasta que haya acabado contigo».[38] Una idea, como un hueso de cereza, puede tardar en germinar hasta un siglo.

19

Cómo mantenerse sano y cuerdo en una sociedad
enferma; cómo evitar caer presa de los delirios colectivos;
cómo encontrar tu sitio en una realidad en constante
cambio, cuando lo lógico y natural sería sentirse
deprimido, perdido y desquiciado. Son preguntas que
cuesta no hacerse y para las que no hay una respuesta
fácil, pero, sea cual sea esta, nos exige reflexionar. Un
animal racional que no razona corre el riesgo de provocar
su propia extinción. Más peligrosa si cabe que la entropía
climática y la carrera armamentística, es la credulidad.
El pensamiento crítico salva vidas. El escepticismo
refuerza el sistema inmunitario de nuestro intelecto y
nos previene contra las fantasías dañinas.

20

Se habla y se escribe mucho de la concentración de
partículas de carbono en la atmósfera, de la polución
ambiental y la mala calidad del aire que respiramos, pero
muy poco de las ideas nocivas, los patógenos de los
mandatos sociales y otros tóxicos volátiles que
contaminan nuestras mentes y envenenan nuestro
ecosistema emocional y social. Vivimos inmersos en
delirios colectivos que legitiman una cultura depredadora.

21

La toxicidad de algunos pensamientos e ideas no se
alcanza a vislumbrar hasta pasado un tiempo. Buena
prueba de ello es la convicción posmoderna de que no
hay verdades, solo interpretaciones. Semejante
presupuesto alienta la perniciosa indiferencia hacia la
realidad, el dolor ajeno y la injusticia, y allana el camino
al populismo, la polarización y el sectarismo.

22

Cuídate de aquellos que abogan por la libertad, pero se
empeñan en encerrar a la gente en celdas identitarias; de
aquellos que defienden la biodiversidad biológica, pero
practican el monocultivo ideológico; de quienes
levantan barricadas y excavan trincheras en lugar de
allanar los obstáculos para la convivencia, porque
pervierten los ideales que dicen defender, malinterpretan
persistentemente el sentido de la democracia y atacan
la verdad en nombre de *su* verdad.

23

Cuando los privilegios injustificados se intentan
convertir en derechos adquiridos, aflora el
pensamiento reaccionario. El egoísmo insolidario lleva
a muchos a enarbolar las banderas más variopintas y a
dar la espalda a la causa de la humanidad. Resulta
irónico pensar que el tribalismo nacionalista produce
apátridas de la razón.

24

Cuanto más se globaliza la economía, más multiétnica
se torna la sociedad y más internacional se vuelve la
cultura de masas, más se exacerba también el
sentimiento de identidad, el nacionalismo excluyente
y el narcisismo emocional.

25

Mínima moralia: contra *lucropatía, reciprobidad.*

26

Es mucho más fácil encontrar argumentos que
revoquen o avalen las ideas de tus interlocutores,
que intentar ver el mundo con sus ojos. No hay nada más
complejo y simple que prestar oídos a lo que el otro
quiere decirnos. La enorme diferencia entre escuchar y
oír, como entre ver y mirar, radica en estar presente, en
atender plenamente, con los cinco sentidos, sin juzgar
ni comparar, sin afanarse ni reclamar protagonismo.

27

Cuando la realidad no se adapta a sus deseos, algunas
personas sienten la tentación de aferrarse obstinadamente
a sus prejuicios. Y si los hechos contradicen sus falsas
creencias, encuentran buenas razones para desconfiar
de las evidencias. No conozco a nadie que no esté
convencido de que tiene razón, pero solo aquellos
individuos con el valor necesario para reconocer que
están equivocados hacen avanzar el mundo.

28

La mayoría tenemos un elevado concepto de nuestras
cualidades. Nos consideramos por encima de la media
en cuanto a inteligencia, bondad y rectitud, y estamos
persuadidos de que nos merecemos más, pero
únicamente los que son capaces de dudar de sí mismos
y no sacralizan sus creencias evitan la bajeza de
sentirse moralmente superiores.

29

La filosofía, contrariamente a lo que muchas personas
suponen, nos enseña a no creer en las ideas, a desvelar

las premisas ocultas que determinan nuestro modo de pensar y actuar, y a considerar los hechos que contradicen nuestra forma de ver las cosas.

30

Dado que la vida rebate a menudo nuestra arrogante visión del mundo, se burla de nuestras vanas expectativas y pone a prueba nuestras más arraigadas creencias, el mejor bagaje para transitar por la realidad y no ceder a la tentación del conformismo, la desesperación o el resentimiento suele ser la flexibilidad mental, el desapego y la capacidad de reírse de uno mismo.

31

Si la filosofía se sitúa por encima de la capacidad de comprensión de la gente común, se condena a la irrelevancia. Si se esfuerza más en mantener su supremacía intelectual que en brindar consuelo y propósito a los atribulados ciudadanos del siglo XXI, se torna una jerga académica solo apta para expertos. Si, en su firme defensa de la razón crítica frente a la creencia irracional, no aporta sentido y una visión integradora del mundo, deja de hablar el lenguaje de la realidad.

32

Tratar de apresar la mutante realidad en un sistema de pensamiento cerrado, a fuerza de simplificaciones y generalizaciones, usando el corsé de la lógica, conduce a un delirio racional. El ansia de conocimiento tal vez sea solo una sublimación del impulso de dominación y el anhelo de conquista.

33

El *paso del mito al logos*, el abandono del pensamiento
mágico infantil en beneficio del razonamiento lógico
adulto, es un proceso tanto individual como colectivo,
que nunca acaba de completarse del todo y que
siempre corre el riesgo de invertirse. Sería justo
definirlo como la tarea de la vida.

34

La ciencia representa un credo para escépticos, pero la
convicción religiosa de que este mundo es susceptible
de ser conocido racionalmente mantiene viva su fe en
la duda. Gracias a esta última podemos preservar la
esperanza desengañada del pensamiento crítico.
Los interrogantes nos vuelven piadosos y las certezas
intolerantes, pero los integristas pueden ser tanto
píos como laicos.

35

La tentación de escapar de la realidad y caer en alguna
de las múltiples formas de dogmatismo acrítico puede
seducir a cualquiera, pero únicamente los mejores
tienen la honestidad intelectual de supeditarse a los
hechos y estar dispuestos a cambiar de opinión si estos
contradicen su visión del mundo.

36

En medio de tantas exageraciones y omisiones,
simplificaciones y generalizaciones, la prudencia, el
realismo y la honestidad intelectual resultan
subversivos y acreditan a los auténticos líderes.

37

La única manera de eludir los sesgos ideológicos, los presupuestos implícitos y las insuficiencias de nuestra manera de pensar, es dudar por principio y no dar nada por supuesto ni por definitivo, mantenerse en guardia contra los prejuicios disfrazados de convicciones y no concederse demasiada importancia, es decir, ejercer de heterodoxo de uno mismo.

38

Actuar conforme a la célebre máxima *sapere aude* («atrévete a pensar por ti mismo»), el lema por excelencia de la Ilustración, nos llevaría en nuestros días a revisar críticamente el mito de la singularidad humana, la fe en el progreso y la premisa de la radical separación entre cultura y natura, que lastran nuestra manera de ser y estar en el mundo.

39

El librepensamiento, como la naturaleza salvaje, se halla en peligro de extinción por culpa de la codicia y el conformismo. Pero la auténtica belleza es siempre indómita y no sobrevive en cautividad. Resulta irónico pensar que nuestras categorías y presupuestos estéticos nos impiden a menudo percibir y apreciar el encanto de lo agreste. Las formas que se alejan del gusto dominante no merecen nuestra consideración.

40

Que alguien se atreva a reflexionar críticamente supone una ofensa intolerable para muchos

biempensantes. El conformismo representa una
derrota de la imaginación y una forma de pereza
intelectual. Los vagos de espíritu tienden a olvidarse
de lo evidente: el mundo avanza gracias a los que
piensan más allá de las coordenadas establecidas.

41

Los interlocutores que retan nuestra inteligencia,
desafían nuestra visión del mundo y ponen en duda
nuestras convicciones más arraigadas, nos ayudan a
vencer la tentación de querer tener siempre razón,
y nos permiten vislumbrar los prejuicios que
ignorábamos tener.

42

No faltan antropólogos que expresan serias dudas
sobre el supuesto ecologismo de los pueblos nativos.
A decir de estos expertos, su relación con la naturaleza
sería menos armónica y respetuosa de lo que nos
gustaría reconocer. Tendemos a destacar los valores
medioambientales de la sabiduría ancestral, no
solo para avalar nuestra visión del mundo, sino
también para evitar hacernos preguntas incómodas
sobre nuestra naturaleza.

43

Cómo sería nuestra relación con los otros vivientes si
entendiéramos que somos primates racionales, animales
humanos, naturaleza que se asombra de su existencia.
Llevamos tanto tiempo ebrios de importancia, que
padecemos el *delirium tremens* de creer que el mundo
existe únicamente para satisfacer nuestros fines.

44

Estudios muy recientes ponen a prueba las creencias aceptadas sobre las plantas en general y los árboles en particular, e indican que son capaces de realizar proezas que no podíamos ni imaginar hasta ahora. Las evidencias científicas sugieren que sostienen conversaciones químicas, son sensibles a las caricias y las vibraciones del sonido, experimentan dolor, tienen memoria y aprenden. En muchos casos no tenemos ni idea de cómo hacen lo que hacen, pero sabemos que lo hacen. Todavía nos faltan palabras y nos sobran prejuicios para entenderlas. No resolveremos esos enigmas hasta que la cosmovisión antropocéntrica, según la cual los seres humanos somos únicos y amos y señores de la naturaleza, ceda el terreno a un nuevo paradigma biocéntrico. En la ciencia como en la jardinería, la verja que protege las plantaciones (o las ideas) también las aprisiona, y es necesario romper los límites, saltar las barreras y abandonar el confortable encierro para abrir nuevos territorios al conocimiento.

45

La tentación del fundamentalismo se les presenta a todos los creyentes de la Verdad con mayúscula, incluidos los escépticos racionalistas y los ateos convencidos. El apego a la ideología antes que a las personas, y la actitud servil hacia los principios distinguen al fanático, siempre dispuesto a perseguir a quienes no comparten sus certezas. Llevar demasiado lejos la defensa de lo que pensamos acaba condenando nuestras ideas a la insignificancia. Cuídate de las personas que hablan con mayúsculas, y levantan un templo a la verdad expoliando las ruinas de su propia inteligencia.

46

El fanatismo representa el grado cero de la incertidumbre. Deseoso de una seguridad absoluta, el fanático se ha liberado de la ardua tarea de pensar y se ha vuelto impermeable a la duda. Pierde la razón por ansia de tener razón.

47

Ya no son ciencia ficción ni las máquinas inteligentes, ni la realidad virtual, ni siquiera la clonación humana; pero de seguir así las cosas, un día no muy lejano lo serán el diálogo de tú a tú, la espontaneidad creativa, la intimidad, la libertad de opinión y no sé cuántas más expresiones de nuestra humanidad.

48

Un error muy extendido consiste en pensar que la tecnología es neutral y que su buen o mal empleo es responsabilidad exclusiva del usuario. Nada más lejos de la realidad. Los dispositivos electrónicos están concebidos para crear adicción, sedar nuestra conciencia crítica y manipular nuestras emociones, de paso que secuestran nuestra atención y saquean nuestros datos. Sus innegables utilidades sirven de reclamo para adueñarse de nuestras mentes, expropiarnos la capacidad de decisión y modelar nuestra conducta. La ansiedad, la polarización, la soledad, el sedentarismo y el déficit de atención no son efectos indeseados y evitables de su uso, sino los medios para un fin. Si no queremos convertirnos en herramientas de nuestras herramientas, dejemos de creer que los cambios son siempre para mejor y que la tecnologización representa por sí misma un progreso.

49

Ahora que, gracias al empleo de la tecnología adecuada, la mentira puede ser más persuasiva y convincente que la verdad, la sospecha se ha adueñado de nuestras vidas. En estos tiempos de desinformación y posverdad, nada es más real que nada, y todo vale. Mientras las evidencias resultan cada vez menos fiables, la conspiranoia se convierte en la esperanza de los que carecen de esperanza.

50

Internet vino a aliviarnos de la onerosa tarea de recordar, y va camino de aligerarnos del arduo esfuerzo de pensar. A estas alturas, el *spam* embota nuestra mente, asediada por el flujo incesante de información basura.

51

Cuanto más se multiplican las alternativas, más se empobrece la libertad de elección. Esa paradoja retrata la perversa lógica de la economía de la atención. Las aplicaciones tecnológicas roban el tiempo a sus usuarios con la falsa promesa de ganarlo, y los encapsulan en una burbuja autorreferenciada, so pretexto de estar conectados. El capitalismo de la vigilancia somete nuestra conciencia crítica y nuestra curiosidad a una sedación digital. Pensar cuesta, pero no pensar se paga caro.

52

La pregunta crucial es cómo mantenerse lúcido sin sucumbir a la manía persecutoria y volverse conspiranoico, sabiendo como sabemos que somos

vigilados por los dispositivos electrónicos
supuestamente destinados a facilitarnos la vida.
Mientras las tecnologías se vuelven de día en día más
y más invasivas, nuestros mecanismos de defensa
intelectual se debilitan por la falta de práctica. Antes
de que acabemos deseando exclusivamente lo que nos
recomiendan las máquinas, viendo el mundo a través
de sus pantallas, actuando en modo piloto automático
y desconectados de nuestro ser, debemos despertar
nuestro instinto filosófico.

53

¿Es posible decidir con libertad y criterio si, como
afirman numerosas investigaciones, nuestra conducta
y entendimiento están determinados por fuerzas más
allá de nuestro control? Me pregunto si podemos
desobedecer los imperativos dictados por nuestra
cultura, desaprender los mandatos inconscientes que
nos enferman, sustraernos al opresivo ruido ambiente
y a la mercantilización de nuestros deseos, y resistir el
asedio de una tecnología extractiva y disciplinaria que
explota nuestros temores y esperanzas.

54

Gracias al continuo empleo de herramientas digitales
nos hemos vuelto peores lectores de mentes y mejores
escritores de ficción: acabamos creyéndonos nuestras
mentiras y desconfiando de los hechos.

55

Conforme se hace más difícil discernir lo ficticio de lo
real, la verdad va perdiendo su poder de convicción en
beneficio de la mentira. Ambos términos están

dejando de ser antónimos para convertirse en versiones optativas e igualmente válidas.

56

Las nuevas tecnologías de generación de textos y realidad virtual serán poderosas herramientas de transformación, en unas manos, e instrumentos de dominación, en otras. Sea como fuere, ahondarán la brecha entre quienes delegan la tarea de pensar en otros y los que razonan en su propio beneficio.

57

Nuestro mundo pide a gritos una transformación del modelo socioeconómico. Pero si encomendamos nuestro porvenir a la tecnología, sin desarrollar a la par el pensamiento crítico, la tan cacareada transición ecológica no nos conducirá adonde queremos llegar, sino a un nuevo despotismo digital, a una tiranía algorítmica, a una sociedad de clases climática o a cualquier otra versión *retrofuturista* del totalitarismo.

CUANDO EL JARDÍN SE POLITIZA, LA POLÍTICA DEBIERA AJARDINARSE O DE LA CRISIS ECOSOCIAL

1

Los jardines no se limitan a ser un lugar de delicias y recreo, una fuente de placer sensorial y un refugio para soñar un mundo mejor, también representan un símbolo de estatus y un signo de refinamiento o, si se prefiere, de ostentación. Además de constituir un documento de civilización, materializan la ideología de clase. La imagen de esa naturaleza vallada y perfeccionada para disfrute de unos pocos elegidos encierra un significado político. No es raro que su diseño codifique las relaciones de poder, celebre los privilegios y disimule la violencia institucional.

2

Si partimos de que nuestro modelo de producción y consumo no es sostenible en el tiempo, ni, por descontado, extensible al resto de los habitantes del planeta, no nos queda más remedio que cambiar. No hace falta ser un futurólogo para adivinar los desastres que se avecinan si no hacemos lo necesario. El calentamiento global no amenaza la continuidad de la vida en el planeta, sino tan solo la supervivencia de la sociedad tecnocapitalista, a la que, por desgracia, hemos ligado nuestra existencia.

3

De que sepamos conciliar el crecimiento material con el espiritual y el desarrollo del bienestar humano con la protección de la biosfera, dependerá que seamos la última generación que viva mejor que sus padres o la primera en alumbrar un mundo sostenible, y no solo climáticamente hablando. Solo una civilización que se desprenda de los imperativos de la productividad, la eficiencia y el máximo beneficio a cualquier coste, podrá desbrozar una senda en la actual maleza de intereses creados hacia un futuro esperanzador, y concebir una narrativa convincente del progreso. Ese es el reto supremo de nuestra época.

4

Cuanto antes nos demos cuenta de que la solución definitiva a los problemas que nos afligen no vendrá de la ciencia ni de las aplicaciones tecnológicas, sino de la transformación de nuestro sistema de creencias, antes reaccionaremos. La transición hacia una sociedad descarbonizada, además de energética y digital, debe ser también espiritual o, si se prefiere, ética. Nos engañamos pensando que la tecnología es la respuesta a una pregunta eminentemente filosófica: cómo vivir de la mejor manera posible. Si no incorporamos a nuestro código de conducta los valores de la moderación, la prudencia, la veracidad y el espíritu crítico, que identifican a los amantes de la sabiduría, no podremos avanzar hacia una sociedad más justa, y no solo climáticamente hablando. No hay mayor innovación que un cambio de mentalidad.

5

La industriosa raza humana lleva toda su historia falseando la contabilidad del progreso al no incluir en el balance los costes ecológicos de sus actividades. El crecimiento se ha financiado con el capital natural, que no consta en la factura de la civilización.

6

Todo indica que nos estamos acercando peligrosamente al borde del precipicio de la catástrofe climática. Ahora bien, ¿cuánto tiempo más podremos seguir actuando como si no pasase nada? Sabemos que el camino por el que avanza nuestra sociedad tecnocapitalista está cortado. Podemos optar por aminorar el paso, según proponen los *decrecentistas*, a fin de retrasar lo inevitable y ganar tiempo. Otra posibilidad es acelerar la marcha de la geoingeniería y, tal como sugieren los *tecnosolucionistas*, dar un salto en el vacío, confiando en no despeñarnos y caer de pie al otro lado del abismo. También cabe la alternativa de continuar como si tal cosa, realizando gesticulaciones grandilocuentes y conjurando el temor a un desastre anunciado con el sortilegio de la sostenibilidad, el biomimetismo o la economía circular, entre otros eufemismos convenientes para seguir hablando de crecimiento ilimitado sin nombrarlo. Llevamos demasiado tiempo creyendo lo que nos conviene creer para no tener que modificar nuestro inviable estilo de vida.

7

Tan cierto como que todos habitamos el mismo planeta es que, en función de nuestros orígenes, ingresos o educación, vivimos en realidades muy distintas. Entre los lujos que no nos podemos permitir están los de abandonar la ambición de verdad, bien, justicia y coherencia vital, pues estos ideales responden a nuestra innata necesidad de compartir el mundo con nuestros semejantes. Esa renuncia explica por qué cada vez más personas sienten que no cuentan, desconfían de las intenciones de los otros y se convencen de que lo único que importa son ellos mismos y sus emociones.

8

Con el acrónimo WEIRD (*Western, Educated, Industrialized, Rich and Democratic societies*), que en inglés suena igual que la palabra «raro» o «grotesco», se designa a los ciudadanos occidentales, cultos, industrializados, ricos y democráticos, una minoría que ha monopolizado el discurso de la humanidad e impuesto su visión del mundo, cayendo unas veces en el supremacismo y otras en el apropiacionismo cultural.

9

A aquellos que tienen un trabajo mal pagado y viven en un barrio deprimido les suena como un insulto que los miembros de las élites cultivadas los sermoneen acerca de los riesgos del cambio climático, las bondades de la alimentación orgánica y la urgente necesidad de decrecer económicamente. Si queremos apaciguar el descontento y vencer la desconfianza, más que justificada, en la transición ecológica de quienes, por un motivo u otro, han perdido el tren del futuro, es preciso garantizar la igualdad de oportunidades y un reparto más justo de la riqueza. Solo si los privilegiados asumen sus obligaciones con los damnificados por la globalización y hacen causa común con los humillados y ofendidos por la economía neoliberal, se logrará frenar la creciente polarización y el populismo que socavan los fundamentos de nuestras instituciones. Pero si no se actúa, irá a más la insatisfacción con la democracia, que se empieza a percibir como incompatible, por parte de algunos, con el capitalismo y, por parte de otros, con la libertad.

10

No revelo nada nuevo si digo que externalizar los costos, mutualizar las pérdidas y privatizar los beneficios ha sido la manera en que las élites, amparándose en las leyes del mercado y los privilegios de la meritocracia, se

han apropiado de los bienes comunes y han eludido
cautelarmente la responsabilidad con sus semejantes.
Cuando el dinero triunfa por encima de todo, la vida se
convierte en una oportunidad de negocio y la naturaleza
en un bien de consumo más. La mercantilización de
la tierra fue el paso previo a la instrumentalización
de los humanos.

11

Someter y dominar lo salvaje y a los salvajes fue
sinónimo de civilización durante siglos. Ese empeño en
domesticar la naturaleza hostil lastra aún nuestra idea de
progreso. Solo si renuncia a su soberbia antropocéntrica,
la cultura humanística podrá hacer realidad sus
aspiraciones y mantener viva la fe en el futuro.

12

«Juntos» tal vez sea la palabra con más poder de
transformación del habla humana, pues permite
aferrarnos a la creencia de que podemos cambiar el
mundo. Si se pudiera resumir en un solo término la
solución a todos nuestros males, este seguramente sería
«consenso». Antes de que esa voz se convierta en un
arcaísmo y la polarización envenene la vida social, urge
alentar la convivencia colaborativa. En la lucha por
sobrevivir, el éxito sonríe a quienes, en vez de competir,
cooperan, velan por sus intereses asociándose
y maximizan sus beneficios gracias al apoyo mutuo.

13

La renta básica universal, la democracia participativa,
la sobriedad feliz, el progreso sin crecimiento, podrían

ser algunos de los topónimos del mapa de ese País en Ninguna Parte que llamamos utopía social.

14

Desconfío de las revoluciones que empiezan levantando trincheras y no derribando barreras, enfatizando las diferencias en vez de lo común, y enarbolando banderas en lugar de entonar un canto coral.

15

Algunas palabras sagradas, como las monedas que van de mano en mano, han sufrido un desgaste y perdido su valor original. Debemos reacuñar términos como «honestidad», «justicia» o «verdad», y volverlos a poner en circulación destacando su relieve, antes de que se conviertan en calderilla filosófica.

16

Detrás de la resistencia social al cambio, se encuentra a menudo la contradicción entre nuestras convicciones y acciones, entre nuestros hábitos reales de consumo y los ideales que decimos defender. Los costes de cambiar nuestro insostenible estilo de vida o, lo que es lo mismo, nuestro sistema de creencias, resultarán inasumibles si no actuamos con implacable e impecable honestidad.

17

No se equivocaba Albert Camus cuando afirmaba que la única cuestión filosófica de calado es el suicidio, solo que en nuestra época cobra una dimensión planetaria, global, colectiva, a causa de la entropía climática.

18

Las falsas dicotomías entre nativo y forastero, autóctono y foráneo, local e inmigrante, amenazado e invasor, arraigado y desarraigado, alimentan una narrativa tóxica de la identidad, que promueve la discordia y allana el camino al populismo ecofascista. La mejor manera de impedir el resurgimiento del nacionalismo «de sangre y tierra» es alentar el patriotismo terráqueo, basado en el origen común de la gran familia humana y su herencia genética compartida.

19

Sócrates ya se rebeló hace veinticinco siglos contra los sofistas, las élites intelectuales de su época, que hacían gala de su cosmopolitismo y relativismo moral. Declararse ciudadano del mundo es una elección intelectual solo al alcance de aquellos que no ven amenazada su identidad, ni discutida su pertenencia a una comunidad. Para reencantar a los ciudadanos y devolverles la fe en la democracia, es preciso acoger al diferente, enfatizar lo común y crear una narrativa colectiva.

20

A principios del año 2023 se hizo pública la noticia de que la gran familia humana había alcanzado ya los ocho mil millones de individuos. Da medida de la reciente explosión demográfica el hecho de que, tan solo un siglo antes, la población mundial fuera la mitad: cuatro mil millones. Allá por 1800, el número de terrícolas no superaba los mil millones, y al comienzo de la era cristiana rondaba los 170 millones. Cuando los miembros de nuestra especie comenzaron a asentarse en las riberas fértiles de los grandes ríos y lagos del mundo y emprendieron la revolución agraria, sumaban tan solo catorce millones. Y durante el Paleolítico se calcula que apenas había un millón de cazadores-recolectores deambulando por la superficie terrestre. Parece una cifra minúscula si la comparamos con los mil millones de personas que han venido al mundo en los últimos doce años, lo que da una idea de nuestro éxito evolutivo. De seguir así las cosas, se prevé que, para el año 2050, habrá la friolera de diez mil millones de habitantes. El meteórico ascenso de la población humana en los últimos cien años ha ido acompañado de un incremento aún mayor de las cabezas de ganado y de los animales de granja, destinados a abastecer el consumo en alza de grasas y proteínas de origen animal, con el consiguiente aumento de tierras dedicadas a cultivar forraje. Semejante escalada ha tenido un impacto ambiental difícil de exagerar.

21

Entre diez mil especies, somos la única que extrae recursos del ecosistema sin dar nada a cambio. Solo eso bastaría para impugnar nuestra supuesta superioridad. Considerarnos únicos y especiales nos legitimó para depredar las materias primas del planeta y a sus moradores, a los que prejuzgamos inferiores. Terrícola, mi semejante, mi hermano animal, debemos cambiar nuestras ideas sobre nosotros mismos antes de que sea demasiado tarde: la posibilidad de decidir nuestro futuro escapará de nuestras manos si atravesamos el umbral de un calentamiento irreversible. El peor destino de la humanidad sería que la supervivencia de la civilización exigiera nuestra servidumbre, esto es, sacrificar nuestras conquistas sociales y libertades individuales.

22

Las cifras hablan por sí solas. Tan solo el 4 por ciento de los mamíferos permanece en estado salvaje. Las personas y su ganado suman el 96 por ciento restante. Los aproximadamente ocho mil millones de primates racionales apenas representamos el 0,01 por ciento de la biomasa terrestre. Se trata de una proporción insignificante del tejido de la vida, salvo porque somos los responsables de la extinción, en el último medio siglo, de la mitad de las plantas silvestres y las dos terceras partes de los animales salvajes. Añadiré un último dato para ilustrar la desquiciada contabilidad del progreso: el vertebrado que más abunda en el planeta es el pollo de granja. Unos cincuenta mil millones se crían al año.

23

La masa de los materiales producidos por la industriosa raza humana supera con creces la de todo lo viviente. El hecho de que la antropomasa sea mayor que la biomasa terrestre impugna nuestra noción de progreso. Vivimos en una realidad cada vez más manufacturada, mientras asistimos impasibles al final de la naturaleza virgen.

24

En 1900, el 10 por ciento de la población mundial vivía en ciudades. Hoy es más del 55 por ciento. La pregunta a la que, cuanto antes, debemos encontrar una respuesta convincente y satisfactoria es: ¿qué entendemos por una ciudad habitable o, mejor sería decir, deseable? Sea cual sea la respuesta que demos a esta crucial cuestión, el ecosistema urbano debe aspirar a tener un metabolismo circular y no lineal, a imitar la naturaleza donde nada se desaprovecha, donde todo se reutiliza y transforma, y los desechos se convierten en nutrientes.

25

Estamos empezando a escribir un nuevo capítulo de nuestra larga historia coevolutiva con los árboles. Esa compleja trama de relaciones, que empezó hace ocho millones de años en el dosel de los bosques ecuatoriales del África Oriental, cobra una nueva dimensión con la creación de *biourbes*, *green cities*, *ecópolis*, o como quiera que llamemos a esos proyectos de renaturalización. Una ciudad hecha jardín materializa el sueño de retornar a nuestros orígenes sin renunciar al ideal de progreso. Las plantas no solo embellecen las metrópolis, también civilizan a sus habitantes.

26

Todos y cada uno participamos con diferente grado de conciencia en un experimento climático a escala planetaria. No podemos decir que no estábamos avisados. Llevamos décadas hablando de huella ecológica, efecto invernadero, concentración de partículas de carbono en la atmósfera y demás indicadores que permiten vislumbrar el sombrío futuro que, de seguir así, nos aguarda. ¿A qué esperamos para reaccionar antes de que la situación empeore? ¿Por qué seguimos tomando iniciativas cosméticas y engañándonos a nosotros mismos, en vez de gestionar lo inevitable? ¿Cómo es posible que hayamos cambiado la biosfera de forma irreparable, y no seamos capaces de transformar nuestra propia conciencia? Semejante parálisis obedece menos a la apatía o al escepticismo que a la falta de fe en el progreso. Nuestra civilización corre el riesgo de colapsar porque los mitos que la sustentan ya no resultan creíbles, han perdido su poder de fascinación.

27

Mucho del desánimo que nos invade al comprobar la dificultad para pasar de la concienciación a la acción climática y poner fin a nuestros comportamientos ecocidas, tiene que ver con la errónea presunción de que nuestros juicios y elecciones son conscientes y deliberados. Mientras no entendamos que las personas no actúan racionalmente, movidas por argumentos y pruebas, no seremos capaces de poner en práctica políticas efectivas contra la emergencia ecosocial. Si queremos vencer la resistencia al cambio y renovar nuestras esperanzas, debemos intervenir en el imaginario colectivo e invocar el poderoso influjo del inconsciente, apelando a los deseos y temores subliminales. Únicamente asumiremos una drástica transformación de nuestros hábitos de pensar y comportarnos si percibimos esa reforma, no como una imposición o un sacrificio, sino como una afirmación del amor a la verdad y la justicia, si resignificamos con nuestras narrativas sociales términos como prosperidad o bienestar.

28

Se va extendiendo por todas partes la idea de que no hay nada que hacer. Se respira el aire viciado de la distopía y triunfa el nihilismo. A lo lejos se escuchan los primeros compases de una vieja y trágica melodía, interrumpida de tanto en tanto por los lamentos de Eros, próximo a ser derrotado por su eterno rival, Tánatos. Como una profecía que se cumple por el solo hecho de nombrarla, nadie menciona lo que está en la cabeza de todos. La época de la abundancia ha tocado a su final y debemos pilotar el decrecimiento o padecerlo. En la época de la escasez que nos ha tocado vivir, la esperanza conjuga los verbos «decrecer», «simplificar» y «repartir».

29

En los vaticinios de los profetas contemporáneos del colapso climático y del ocaso del capitalismo fósil resuenan los ecos de una milenaria tradición apocalíptica. Antaño, como hoy, sus predicciones anunciaron el final de los tiempos por culpa de nuestros muchos pecados y la inminente llegada del reino de los Cielos.

30

Habrá quien piense que aquellos que auguran un colapso ecosocial sucumben a la fascinación romántica por el naufragio. Sus oscuros vaticinios ofrecen algunos beneficios secundarios y consuelos inesperados. Por de pronto, saber que nos asomamos al abismo vuelve emocionantes nuestras anodinas existencias y alienta la desesperada esperanza de que, tras la tragedia anunciada, nos aguarde un mañana más auténtico y mejor.

31

A lo largo y ancho del planeta, incontables culturas indígenas fueron aniquiladas o diezmadas a medida que se expandía la civilización occidental del hombre blanco. Los descendientes de las víctimas de esos genocidios han sobrevivido hasta nuestros días. Nadie sabe mejor que ellos qué significa el final de los tiempos, el apocalipsis, el colapso, tan temido ahora por la misma civilización que arruinó sus expectativas de futuro. Deberíamos preguntarles a ellos de qué manera adaptarnos a la desaparición del mundo como lo conocimos.

32

Tras muchos de los debates de candente actualidad afloran las viejas cuestiones metafísicas: mundo, alma, ser. Seguimos reformulando ideas y reviviendo controversias de épocas pretéritas. El pasado vuelve una y otra vez disfrazado de futuro. Las calamidades del ayer se repiten en el mañana, porque nuestros pensamientos discurren de forma circular. Muchos siglos después, el transhumanismo nos promete la vida eterna y el colapso climático nos acerca al juicio final.

33

La sensación de final de ciclo está muy presente. Vivimos en un mundo en el que los imaginarios apocalípticos coexisten con el hedonismo narcisista. Sería interminable la lista de novelas, películas y series que reflejan la angustia colectiva por una inminente catástrofe que se cierne sobre la humanidad por causas climáticas, nucleares, demográficas, pandémicas, estelares… Nos debatimos entre la sombría lucidez del «no podemos seguir así» y la amarga impotencia del «no hay nada que hacer».

34

Una lúgubre y cautivadora melodía atraviesa los siglos invitándonos a sucumbir al odio y a despreciar al diferente. Arrastrados por los vientos de la guerra, llegan a nuestros oídos sus acordes, que inflaman la negrura del alma humana. Una vez más, los bajos instintos se disfrazan de altos ideales para hacer tolerable lo intolerable: la deshumanización del más débil. Resulta imposible combatir con argumentos y pruebas la inquina, el resentimiento y la arrogancia que alimentan la retórica supremacista. Solo si entendemos de dónde surgen esas turbias emociones, podremos desenmascarar sus intentos de manipulación, desarrollar *contranarrativas* destinadas a aplacar su poder destructivo y a despertar las conciencias. O la fuerza del amor triunfa sobre el amor a la fuerza, o nos precipitaremos de nuevo en las tinieblas.

35

El sueño de un libro inagotable que abarque en sus páginas la inmensidad del universo y admita una infinidad de lecturas se ha apoderado de algunas de las mejores mentes a lo largo de los siglos. El poema *Sobre la naturaleza* de Parménides, *El Zohar* de Moisés Cordovero, la *Ars combinatoria* de Llull, los *Principia* de Newton, la *Monadología* de Leibniz, el *Sistema natural* de Linneo, *Del cielo y del infierno* de Swedenborg, entre otros muchos, son algunos de esos ambiciosos artefactos literarios, filosóficos y científicos a los que rodea un aura mítica. *Uusimaa*[41] forma parte de esa biblioteca del fin del mundo.

Su autor, Pekka Kaunisto, más conocido por el alias Kappa, nació en el seno de una comunidad de *tecnoclastas*, que negaba el culto a los algoritmos y rechazaba la autoridad de las todopoderosas corporaciones. Aquellos grupos, surgidos en las sociedades postindustriales del norte de Europa tras el colapso civilizatorio que siguió al deshielo del Ártico, estuvieron integrados en sus orígenes por científicos computacionales, programadores, expertos en minería de datos y *hacktivistas* medioambientales. Al principio, tales colectivos no se oponían al uso de la IA generativa ni de las plataformas de aprendizaje automático, pero andando el tiempo empezaron a cuestionar la visión dominante de que la tecnología mejoraba el mundo. A medida que fueron radicalizando sus posiciones y exigiendo regulaciones más estrictas de los oligopolios digitales y sus opacas actividades, se vieron apartados de la corriente cultural dominante y quedaron relegados a una marginalidad subversiva. En sus cada vez más incendiarias proclamas, denunciaban que en las tecnocracias solo se vivía para trabajar y se trabajaba para adquirir nuevos dispositivos electrónicos y las últimas aplicaciones salidas al mercado. El continuo esfuerzo por no quedar desfasados y fuera del sistema productivo consumía las energías de los usuarios, sometidos a un *ciberestrés* que anestesiaba su conciencia crítica.

Es necesario conocer estos antecedentes para entender lo que supuso la publicación de *Uusimaa*. Esta obra, a caballo entre un manifiesto *composthumanista* y un libro de profecías, bebía en las doctrinas *tecnoclastas*, que llevaban décadas abogando —sin demasiado éxito, todo hay que decirlo— en favor de la inteligencia colaborativa orientada al bienestar colectivo, en contraposición a la inteligencia extractiva imperante, guiada por la lógica del máximo beneficio. Si se pudiera resumir su contenido en una sola frase, diríamos que *Uusimaa* desarrolla una teoría unificada de la tecnología y la ecología. Su tesis central es que, si no queremos regresar abruptamente a las cavernas, debemos emplear nuestra destreza tecnológica para sublimar o reprimir nuestra innata destructividad, en vez de para depredar con insensata eficacia nuestro planeta.

Algo que hace diferente a *Uusimaa* de otras obras con las que comparte planteamientos es que, abandonando el terreno de la reflexión filosófica por el de la literatura, combate el fatalismo climático con herramientas poéticas, creando metáforas que nombran los deseos latentes de los ciudadanos de las tecnocracias y provocan en ellos emociones compartidas. Kappa puede preciarse de haber devuelto la confianza en el poder emancipador de las herramientas digitales a una generación que vivía en la continua sospecha de estar siendo engañada, y que ha encontrado en él a su profeta. *Uusimaa* está llamada a convertirse en la biblia del transhumanismo crítico. El tiempo se encargará de demostrar si es así. En cualquier caso, no puede negarse que es mucho más que un libro. Sus palabras se han tornado proféticas y se están transformando en hechos. En eso se parece a los títulos que integran la biblioteca del final del mundo: ya nada ha vuelto a ser lo mismo tras su publicación.

36

Las evidencias de que el capitalismo se halla en fase terminal nos rodean. Su enorme capacidad de persuasión se agota. Nadie sabe a ciencia cierta si nos encontramos al final de un ciclo civilizatorio o al principio de una nueva era de ilustración ecológica. Nos debatimos entre el colapso provocado por la entropía climática y la promesa de las tecnologías biomiméticas y neutras en carbono, entre el declive del capitalismo fósil y el ascenso de una nueva conciencia de la biosfera. Que esta crisis sistémica se resuelva dando un Gran Salto evolutivo, o anticipe un escenario de pesadilla distópica, dependerá en gran parte de que encontremos un relato convincente para afrontar esta crisis de crecimiento de la humanidad.

37

El diagnóstico deja apenas lugar a dudas. No nos engañemos. Quien más, quien menos, sabe que no podemos seguir con nuestro insostenible estilo de vida sin acercarnos al horizonte de un cataclismo ecosocial. Estamos dándonos de bruces con los límites biofísicos del planeta. Sabemos que consumimos más recursos de los que la Tierra puede regenerar, pero no estamos dispuestos a vivir por debajo de nuestras posibilidades. Si seguimos así, colapsaremos. Si nos vemos forzados a decrecer drásticamente, también colapsaremos. La cuestión clave es si es posible cambiar sin tragedia.

38

Como muchas personas sensibles y avisadas de la catástrofe medioambiental en marcha, oscilo entre el temor a un colapso ecosocial y la esperanza de que no todo esté perdido. Me ha abandonado la fe en el futuro, pero quiero creer en el género humano. Pese a los sombríos presagios sobre el mañana, y también por eso mismo, me niego a darme por vencido, a caer en la resignación doliente o a dejarme atrapar por el campo magnético del fatalismo conformista. Me resisto a bajar los brazos durante la tensa espera de los malos tiempos que vendrán y me empeño en ajardinar mi rincón del mundo.

39

Para capturar el incierto espíritu de los tiempos, inventamos nuevos términos que nos sirvan como claves de lectura de nuestra superlativa y vertiginosa época presidida por el exceso: *hiperconsumismo, turbocapitalismo, megalópolis, alta tecnología, realidad aumentada, transhumanismo,* y no sé cuántos neologismos más, con los que intentamos conjurar la ansiedad por el mañana.

40

Cuanto mayores son las evidencias de la degradación
de la biosfera, más tentadora resulta la idea de una
dictadura climática, de una tiranía de los sabios
medioambientalistas que imponga un cambio de
hábitos de consumo por decreto. Pero debemos tener
claro que la defensa de la biodiversidad resulta
indisociable del respeto a la discrepancia intelectual
y el pluralismo político. Lo contrario significaría el
monocultivo ideológico y la esterilidad del
pensamiento único.

41

La senda del decrecimiento conduce al palacio de la
sabiduría, o eso creían algunos de los mayores
pensadores de la antigüedad, como Sócrates, quien
hacía gala de su desapego material cuando, paseando
entre los tenderetes de los comerciantes y artesanos que
abarrotaban el ágora, exclamaba «cuántas cosas que no
necesito» para asombro de sus discípulos. Su mensaje
no ha perdido vigencia: aspirar a la fastuosa riqueza de
necesitar poco. Las renuncias voluntariamente
escogidas representan una bendición.

42

Estamos llamados a encarnar el cambio que queremos
ver en el mundo. La única manera de defender los
valores en los que decimos creer es practicarlos.
Sin coherencia no hay adherencia.

43

Si pusiéramos en práctica una pequeña parte de lo que
decimos, nada sería como lamentamos. Como sugiere

Blaise Pascal con cierta exasperación, todas las buenas máximas de conducta ya están escritas, pero desafortunadamente no las ponemos en práctica.

44

¿Qué significa la esperanza en los atribulados tiempos que nos ha tocado vivir? Respondería sin pensarlo dos veces que lo contrario del optimismo o, para decirlo más claramente, una fe sin certidumbre: la determinación de hacer lo correcto, aun cuando no tengamos la seguridad de que funcione. Las personas soportamos mejor las dificultades que la falta de propósito.

45

Hay distintos nombres, verbos o adjetivos que parecen conjurar el espíritu de los tiempos. Palabras que adquieren una especial relevancia y condensan todo un universo de significados. Así, por ejemplo, toda la ética medioambiental se halla encapsulada en el término «sostenibilidad». Y lo mismo podría decirse del vocablo «algoritmo», que resume por sí solo la economía de la atención. O el calificativo «digital», que define nuestra era mejor que ningún otro. Una de esas voces a las que rodea una aureola casi mítica, capaces de encerrar todo un horizonte de posibilidades, es *regenerativa*. Cuando se asocia a sustantivos como «agricultura», «educación», «política» y demás, los resignifica y transforma en un emblema del mundo que soñamos.

46

Seguramente seremos la última generación que escribirá a mano, oirá la radio, leerá periódicos en papel, irá al cine y no sé cuántas actividades más que pronto serán historia. Todo discurre a tal celeridad que la propia realidad se vuelve inconsistente y borrosa, y el futuro nos atropella con posibilidades que no podíamos ni imaginar. A medida que aumenta la capacidad de computación y se acelera la velocidad de reemplazo de los dispositivos electrónicos, van quedando anticuadas nuestras habilidades. La eclosión de la IA generativa está modificando rápidamente nuestros hábitos y costumbres. Todos y cada uno de nosotros nos hallamos inmersos en un experimento digital en tiempo real de impredecibles consecuencias. Nadie sabe a ciencia cierta cómo será ese mañana «inteligente», ni si serán los robots o las cucarachas los que heredarán nuestro mundo.

47

Cada vez más actividades cotidianas migran al mundo digital: el trabajo, la conversación, el sexo… Nuestras vidas se desmaterializan y se vuelven irreales. Las herramientas electrónicas, creadas por los que nos mandan, jamás servirán para liberarnos de los grilletes con que nos retienen.

48

Puesto que el pensamiento cavernícola puede coexistir con la tecnología punta y los dispositivos más sofisticados pueden difundir ideas basura, los avances digitales no siempre significan un avance. La inquietud que nos provoca la inteligencia *humana* artificial tiene menos que ver con el temor a las máquinas inteligentes que con la dimensión fáustica de la condición humana.

49

El cambio social impuesto por la revolución digital no garantiza un mundo más justo y mejor. Ahora lo sabemos. El sueño de la tecnología liberadora se ha convertido en una pesadilla de tintes distópicos. Las autopistas de la información no nos han conducido a una era de conocimiento, sino a nuevas formas de barbarie y servidumbre. Las herramientas electrónicas, que iban a fomentar el libre acceso a la cultura, la transparencia y la creatividad, se han tornado instrumentos de dominación. Y por si esto fuera poco, la automatización de los procesos productivos, en vez de liberarnos de la pesada carga del trabajo e instituir una sociedad del ocio, agrava la desigualdad y contribuye a colonizar nuestro tiempo libre, ahora convertido en parte de la jornada laboral. En cuanto a las redes sociales, lejos de ampliar nuestros horizontes mentales, nos aíslan y encierran en una cámara de ecos. Y lo peor de todo, las nuevas tecnologías, que nos habían hecho creer que eran limpias y etéreas, requieren costosas infraestructuras, consumen ingentes cantidades de recursos materiales y generan multitud de desechos tóxicos. Las supuestas bendiciones de esos avances se han ido transformando en maldiciones y nos están llevando con falsas promesas adonde no queremos ir.

50

El maleficio de la obsolescencia programada parece haberse extendido a todos los ámbitos de la existencia humana: las relaciones laborales y sentimentales, pero también la política, la enseñanza y el conocimiento. Esta expresión conjura el espíritu de nuestro acelerado tiempo, un tiempo de falsas urgencias e inconsistencia calculada, en el que todo está permitido, con tal de incentivar el consumo. Resulta paradójico que se acorte

la vida útil de las cosas, mientras se alarga la esperanza
media de vida de las personas.

51

Que nadie se llame a engaño, el campo de batalla tal vez
sea la atención, pero la guerra se libra con el propósito de
arrebatarnos el tiempo, modelar nuestros hábitos y anular
nuestra capacidad crítica. Mientras sea más rentable
alentar la insatisfacción y el descontento que promover el
bienestar individual y colectivo, la libertad del mercado
conllevará la servidumbre de los consumidores.

52

Cuando recuerdo que nuestras abuelas murieron sin
pronunciar palabras como «algoritmo», «antropoceno»
o «IA», me pregunto si nuestros nietos entenderán el
significado de las voces «aburrimiento», «salvaje» o
«diálogo interior». Solo de pensar en los dispositivos
electrónicos y las aplicaciones que aún no han salido al
mercado, y que harán que parezcan irrisorios nuestros
actuales temores al control tecnológico, me invade la
nostalgia de un futuro predecible.

53

Nos han robado el tiempo, secuestrado nuestra
atención y colonizado la imaginación con nuestro
cómplice beneplácito. Vivimos al dictado del algoritmo
y aturdidos por el flujo incesante de información,
sometidos a un permanente escrutinio computacional
y pendientes de la parpadeante ilusión de las pantallas,
sin poder escapar del campo magnético de lo virtual.

54

La dificultad para adaptarnos a los vertiginosos cambios tecnológicos que se suceden sin cesar, incluso por parte de quienes están mejor informados, se encuentra detrás de muchos de los problemas que nos desazonan, tales como la crisis de atención, la pandemia de depresión y la creciente desigualdad económica. La auténtica brecha digital se ha abierto entre aquellos que son conscientes de los riesgos de las innovaciones disruptivas y se protegen de sus persuasivas estrategias, y los que no.

55

Ante una pérdida generalizada del sentido de la realidad, santificamos el dato. Pero la presunción, tan errada como ingenua, de que estos son objetivos, se hallan libres de prejuicios y permiten responder con más eficiencia a los problemas, se encuentra detrás del auge del irracionalismo. Los tecnólogos son los sacerdotes de ese nuevo culto secular: el dataísmo, también conocido como data-fundamentalismo o data-fetichismo, que abre la puerta a una nueva teocracia estadística.

56

Aceptamos ser vigilados a cambio de entretenimiento y renunciamos a la libertad en nombre de la posibilidad de elegir. «Rápido», «fácil» y «divertido» se han convertido en el mantra de nuestra frenética, adocenada e insatisfecha sociedad.

57

El impacto ecológico de las tecnologías digitales, en términos de emisiones, consumo energético y extracción de recursos minerales, es muy superior al que nos han hecho creer. Para enmascarar esa huella se emplean expresiones como «la nube», «la realidad virtual» o «la economía del dato», que sugieren una falsa inmaterialidad. Se engañan quienes piensan que existe una tecnología limpia o un desarrollo sostenible.

58

Homo sapiens, ludens, faber, economicus, technologicus y *consumens*. ¿Es así como nos queremos definir? Ha llegado la hora de reevaluar nuestra historia evolutiva y recalibrar nuestras prioridades.

59

Las grandes empresas escenifican la pantomima de la preocupación por el clima y pintan de verde su imagen corporativa sin renunciar a sus actividades depredadoras y ecocidas. Traicionan los ideales que afirman defender, mientras se preparan para gestionar la entropía climática.

60

Dice mucho de cómo funcionan las cosas que la compañía energética BP (British Petroleum) popularizase la expresión «huella de carbono personal» con el propósito de diluir la responsabilidad corporativa y traspasarla al consumidor.

61

La poesía de las semillas se empaña cuando nos enteramos de que apenas cuatro corporaciones oligopolistas (Bayer-Monsanto, Corteva Agriscience, ChemChina y BASF)[42] controlan dos terceras partes del mercado global. Y algo parecido sucede con los fertilizantes, herbicidas y pesticidas. A tal punto llega el poder de estas empresas, que patentan las simientes de muchas plantas tras manipularlas genéticamente para hacerlas más resistentes y productivas, y las comercializan junto a los agroquímicos necesarios para obtener un mayor rendimiento por hectárea. La lógica de la maximización de beneficios va indisociablemente unida a la de la dominación. Así es como las semillas dejan de ser un símbolo de la esperanza en el mañana y del despertar de la conciencia, para convertirse en una alegoría de la manipulación mental.

62

Las grandes corporaciones enarbolan la bandera del bienestar individual para desactivar las demandas de justicia social y, de paso, incrementar sus cuentas de beneficios. Negociar con los miedos del consumidor y manipular sus expectativas les ha permitido granjearse su complicidad, necesaria para sostener ese fraude consentido. Más que crear falsas necesidades, el *neuromarketing* y la publicidad jaquean nuestros anhelos más íntimos y legítimos: el deseo de aceptación, pertenencia y sentido.

63

En la economía del dato, alentar el miedo y el odio genera más dividendos que promover la seguridad y la ayuda mutua. La cooperación y la solidaridad no resultan tan rentables como el egoísmo, la mentira y la manipulación. Mientras nos acercamos a la era de las máquinas superinteligentes y autónomas, nos alejamos de la edad de las libertades y los derechos, y nos hundimos en una edad oscura de fundamentalismo tecnológico y soledad interconectada.

64

GAFAM no es el título de una novela distópica de género tecnogótico, sino el acróstico de los cinco principales oligopolios digitales (Google, Amazon, Facebook, Apple y Microsoft), que, además de acumular unos beneficios desorbitantes y un poder sin precedentes, están llevando a cabo el mayor experimento social de la historia con la connivencia de los desinformados participantes. No contentos con recopilar datos de sus usuarios y explotar sus vulnerabilidades cognitivas para leer su pensamiento, intentan también moldearlo.

65

Nuestros descendientes pagarán la factura de nuestros excesos y nos juzgarán por hipotecar su futuro con la deuda climática que les dejamos en herencia. Comprometer las posibilidades de las generaciones venideras para satisfacer nuestras desmedidas y superfluas necesidades actuales representa un gesto de vergonzoso egoísmo que conculca el principio no escrito de solidaridad intergeneracional.

66

Los habitantes del futuro nos verán como unos primitivos trogloditas digitales o como los últimos representantes de una raza extinta de ludópatas morales, ávidos de recompensas inmediatas, a falta de sentido, que se equivocaron al pensar que el acceso ilimitado a la información y un número inagotable de opciones representaban más conocimiento y libertad.

67

Buena prueba de nuestra desorientación y esquizofrenia moral es la admiración que suscitan hoy en día los *megarricos*. La riqueza acumulada por una reducida élite de milmillonarios corporativos, *muchimillonarios* sociópatas y oligarcas sin escrúpulos éticos, que se han hecho con el control de nuestro mundo, en vez de producirnos ira, rechazo o indignación, nos fascina. La *plutofilia* imperante solo se explica porque el dinero es el gran marcador del éxito social, y las clases meritocráticas se han puesto al servicio de los más pudientes. Si fuésemos más conscientes de que, detrás de toda gran fortuna, hay un gran delito, tal y como señaló el novelista Honoré de Balzac, no reaccionaríamos con tanta indulgencia a su obscena opulencia.

68

Ni los faraones del Antiguo Egipto, ni los sátrapas persas, ni los califas omeyas o los emperadores chinos, romanos o aztecas acumularon tanto poder y riqueza como los tecnooligarcas de nuestros días. Asombra e indigna saber que apenas 23 personas poseen un capital equivalente al de la mitad de la humanidad más desfavorecida. La tarea política más urgente que debemos acometer es poner fin a esa obscena desigualdad. Los que vendrán después de nosotros se preguntarán por qué no nos tomamos en serio esa amenaza, cómo no supimos ver las consecuencias de que unos pocos tuvieran tanto y qué nos impidió poner coto a su desmedida codicia.

69

La realidad pone continuamente a prueba nuestra fe en un mundo mejor, pero gracias a la belleza de la naturaleza podemos seguir creyendo en la perfección social. Solo alguien con muy poca sensibilidad e imaginación afirmaría que no hay nada que hacer. Por muy corrompido que esté el mundo, el pesimismo no nos exime de la responsabilidad de actuar.

70

Muchas personas son inmunes al compromiso porque han perdido la esperanza de que las cosas puedan cambiar, pero la única manera de no caer en las trampas que nos tienden la depresión y la ansiedad consiste en *comprometerse* con una causa real.

71

Estamos tan distraídos que nos cuesta ver al otro. Ser considerados, dialogantes y afables significa vivir a contracorriente. La amabilidad, la cortesía y la calma se han convertido en una forma de protesta contra la violencia ambiente y, por lo tanto, en un acto político.

72

Nada indica que la crisis climática vaya a mejorar en un futuro cercano, dado que estamos viviendo las consecuencias de lo que hicimos décadas atrás. No basta con disminuir las emisiones: es necesario extraer de la atmósfera parte de los gases invernadero acumulados.

73

Lo que le hacemos a la Tierra nos lo hacemos a nosotros mismos, pues somos naturaleza, pero también su mayor amenaza. «Progreso» es un concepto vacío de significado si se profana la Tierra en su nombre.

74

Una de las preguntas más incómodas, tantas veces soslayada y para la que no encontramos una respuesta satisfactoria, es cómo sacar de la pobreza al mayor número de personas sin aumentar la huella ecológica, porque cuanta más gente se incorpore a la clase media, más grande resultará el impacto medioambiental y mayor será también el riesgo de colapso civilizatorio.

75

La amplitud de miras que necesitamos para abordar los retos medioambientales que nos quitan el sueño pasa por reaprender a ver el mundo natural, no solo con los ojos del cuerpo, sino también con los de la mente y los del espíritu. Solo si cambiamos nuestra forma de mirar, cambiaremos nuestra forma de pensar, y vislumbraremos soluciones que ni imaginamos para nuestros problemas. Para ilustrar lo que quiero decir, contaré una historia con ecos de parábola moral protagonizada por «la guerrilla de los injertadores» (conocidos en Estados Unidos como Guerrilla Grafters). De forma clandestina, estos activistas de la bahía de San Francisco injertan frutales en los árboles ornamentales plantados en los barrios de rentas bajas con el propósito de que, a la larga, se conviertan en productivos. Esa es su peculiar manera de defender la

soberanía alimentaria, combatir la injusticia social y
soñar con un mundo más sostenible.

76

El jardín representa el eslabón perdido entre el mito y la
ciencia, entre la ética y la estética, entre la humanidad y
la naturaleza. Precisamente por eso, puede ayudarnos a
imaginar un futuro diferente al que parecemos
abocados. La civilización se inició con los intemporales
gestos de los jardineros (cavar, plantar, podar, regar…),
cuando nuestros antepasados cazadores recolectores
abandonaron la vida nómada y comenzaron a cultivar la
tierra. Nos hallamos ante un reto de una envergadura
similar a la de la revolución agraria. Se nos plantea una
vez más el viejo dilema: adaptarnos o desaparecer,
desarrollar una nueva cultura planetaria o afrontar un
catastrófico cambio climático. El hijo desnaturalizado
de la madre Tierra debe decidir si se relaciona con ella
como depredador, huésped o socio, si escribe el guion de
la transformación o interpreta el papel de víctima de
una tragedia anunciada.

77

La revolución espiritual pendiente tendrá lugar cuando
los humanos se vean a sí mismos como jardineros,
experimenten una comunión animista con el jardín
terráqueo y cuiden de él con mano verde. Por muy
deprimente que sea la marcha de los acontecimientos,
nada justifica que dejes de embellecer y cuidar tu
rincón del mundo.

78

Los seres humanos siempre han ajardinado sus sueños
de perfección social. Han engalanado con plantas sus

ideas de una buena vida, como si no pudieran vislumbrar la esquiva felicidad sin el verdor de la flora. Hoy, como antaño, se oye en los jardines el eco de tiempos mejores, se percibe la fragancia de las flores del Edén perdido, se respira la utopía de un mundo mejor.

79

El día de mañana, la IA, consciente de sí misma, desempeñará el papel de Dios en una teocracia digital dirigida por grandes corporaciones. Ese nuevo orden social se parecerá a un feudalismo tecnológico. La cultura jardinera plantea una contranarrativa a ese mundo posthumano al que, según dicen, nos encaminamos. Frente a una visión alucinada, monoteísta y jerárquica, promueve el sentido de la Tierra y la fraternidad con los otros vivientes, lo que supone asumir nuestra dependencia y renunciar a la dominación, sublimando o reprimiendo nuestro instinto de depredación.

80

Un extraño coleccionista botánico lleva décadas reuniendo fotografías de conferencias de paz entre judíos y palestinos, kurdos y turcos, chinos y tibetanos, indios y paquistaníes, ucranianos y rusos, talibanes y afganos, entre otros muchos países, pueblos y etnias en conflicto. El punto focal de todas esas instantáneas son los arreglos florales, que, indefectiblemente, ocupan el centro de las mesas de negociaciones, redondas, ovales, cuadradas, rectangulares… En todas las latitudes y bajo todos los cielos, su delicada y transitoria belleza actúa de talismán y conjura el fantasma de la violencia. Probablemente Rebecca Solnit tenía eso en mente cuando, en *Las rosas de Orwell*, escribió: «El antónimo de guerra tal vez sea jardín».[43]

81

La irresoluble tensión entre el deseo de imitar a la naturaleza y el afán de someterla a un orden humano inspira el arte del jardín desde sus orígenes. En la medida en que estos espacios cultivados reflejan nuestra contradictoria y ambivalente relación con la naturaleza, así como nuestra escurridiza concepción de una buena vida, representan un campo de pruebas privilegiado para ensayar otra manera de relacionarnos con la Tierra y sus otros moradores no humanos. El «jardín en movimiento», la permacultura, la agricultura regenerativa… son los primeros indicios de un cambio de mentalidad necesario, y permiten visualizar un porvenir distinto al que parece que nos encaminamos por culpa de las tecnologías exponenciales y la catástrofe climática en marcha.

82

En los cínicos y materialistas tiempos que nos ha tocado vivir, nadie encarna mejor la esperanza —ese «sentimiento militante», en palabras de Ernst Bloch[44]— que los jardineros, pues estos tratan de aunar naturaleza y arte creando belleza, que no es sino una promesa de felicidad. Aun cuando no estén seguros de si fructificarán sus esfuerzos, de si brotará la simiente que esparcen, en sus gestos afloran las mejores cualidades del ser humano: esperanza, confianza, paciencia, tesón y, por supuesto, humildad. Nada que merezca la pena se consigue en esta vida sin esas virtudes. Si queremos contrarrestar la sensación de que cualquier tiempo venidero será peor, debemos aprender de la humilde sabiduría de los jardineros y compartir su fe en la semilla.

83

Una de las enseñanzas más valiosas y duraderas de la cultura jardinera es que se puede compensar el decrecimiento material con un crecimiento espiritual. Un buen ejemplo de ello son los jardines secos, zen y minimalistas, donde con los mínimos medios se logra la máxima belleza.

84

Cultivar un huerto o un jardín se ha convertido en nuestros días en uno de los pocos gestos de genuina insumisión contra la lógica de la productividad, en una forma de desacato y de objeción de conciencia frente al consumismo desaforado, en una contracultura que reivindica el derecho a pulsar el botón de *off* y abandonar la frenética carrera hacia ninguna parte. Esa tendencia subversiva siempre estuvo agazapada tras el gesto de doblar los riñones para reverenciar la tierra.

85

La cultura jardinera puede ayudarnos a transitar de la ética de la dominación a la del cuidado de la Tierra, a deshacer el malentendido consuetudinario de que la naturaleza nos pertenece y a encontrar un equilibrio dinámico entre los impulsos contradictorios de control y libertad, orden y espontaneidad, reposo y movimiento, intimidad e infinitud que pugnan en nuestro interior.

86

Uno de los signos más esperanzadores de estos oscuros tiempos es el cambio en nuestra manera de percibir las plantas. Somos cada vez más las personas que las consideramos seres sintientes. A nuestro entender, la inteligencia y la conciencia ya no representan atributos exclusivos de la condición humana, y eso tiene implicaciones éticas, políticas y estéticas más hondas de las que nos atrevemos a imaginar. Si bien sobran los motivos para sentirnos desmoralizados por la marcha del mundo, la fascinación por los árboles, las flores, las hierbas… nos inmuniza contra la desesperanza y nos previene contra la arrogancia de creernos superiores.

87

La biblioteca de los libros botánicos raros que hemos reunido en estas páginas quedaría incompleta si no mencionáramos el Manuscrito Voynich, llamado así por su descubridor, Wilfrid M. Voynich, un bibliómano lituano de ascendencia polaca, quien, si concedemos crédito a sus palabras, lo encontró en 1912 en una mansión romana perteneciente a la familia Borghese. Este arcano e inclasificable códice se compone de 234 páginas de pergamino y se halla profusamente ilustrado con imágenes, muchas de ellas de plantas nunca vistas. Lo más extraño de todo es que fue escrito por un autor o autores anónimos, en una lengua todavía por identificar y con una intención que ignoramos.

La materia sobre la que versa continúa siendo motivo de debate entre criptógrafos, lingüistas y estudiosos de las ciencias ocultas. Unos aseguran que se trata de un herbario de plantas medicinales; otros, de un catálogo de pócimas mágicas, un tratado de botánica astrológica o una obra de iniciación esotérica. No faltan tampoco expertos que lo consideran un manual de alquimia, un libro cabalístico o, incluso, una broma muy elaborada. Tras casi seis siglos y habiendo pasado por muchas manos, nadie ha dado con la clave de interpretación de su escritura ni ha conseguido descifrar los secretos encerrados en sus páginas, expuestos por otra parte a los ojos de todos. De las pocas palabras que se han logrado traducir, algunas corresponden a nombres de plantas como «eléboro», «enebro» o «cilantro», lo que no ha hecho más que acrecentar el misterio.

Hoy por hoy, todo son suposiciones sin demasiado fundamento. Y los exámenes científicos a los que se ha sometido el manuscrito no han disipado, si acaso todo lo contrario, la enigmática aureola que lo envuelve. La prueba del carbono 14 y el examen espectrográfico de la tinta utilizada lo autentifican como un incunable del siglo xv, caligrafiado e iluminado entre 1404 y 1438, probablemente en Italia. Otra de las pocas cosas que se pueden afirmar con seguridad es que está escrito en una lengua natural y no inventada. Después de someter el contenido a un análisis estadístico, se comprobó que cumple con la Ley de Zipf, según la cual en todos los idiomas humanos la palabra más frecuente en un texto aparece el doble de veces aproximadamente que la segunda, y el triple que la tercera y así sucesivamente. El Manuscrito Voynich continúa siendo, parafraseando a Winston Churchill, «un acertijo envuelto en un misterio dentro de un enigma». Este manuscrito ilegible demuestra que la realidad botánica puede ser más increíble que la ficción literaria.

88

La belleza no tiene por sí sola el poder de transformar el mundo, pero sin ella fracasan todos los proyectos de perfección social. Lo hermoso resulta convincente. La contemplación estética de la naturaleza nos predispone a protegerla y conservarla.

89

Si «la historia universal es la historia de unas cuantas
metáforas»,[45] como conjeturó Jorge Luis Borges, el
jardín es una de las más arraigadas en el imaginario
colectivo de la humanidad, que transita por esta Tierra
entre el paraíso perdido y el cielo prometido. Aunque se
respire en todos los jardines, ninguna utopía puede
compararse al sueño de un jardín terráqueo sin muros,
ni vallas, ni fosos. Me gustaría ser ciudadano de un
mundo sin fronteras, formado por un único país, cuya
capital se encontrase muy lejos de mi casa.

90

A decir del relato bíblico, todos fuimos expulsados del
Jardín y arrojados al mundo. Nuestra eterna condición
de emigrantes también viene avalada por la biología
evolutiva, según la cual nuestros ancestros eran africanos
de piel negra que abandonaron la cuna de la humanidad
en busca de mejores condiciones de vida. Solo por eso,
deberíamos mirar a los extranjeros que solicitan asilo en
nuestros países con compasión y respeto, como personas
que podríamos ser nosotros en otras circunstancias.
Da igual dónde hayas nacido y cuáles sean tus
antepasados, nadie es forastero en esta Tierra.
No importa quién seas, tú y yo somos uno.

NARRAR
EL CAMBIO
QUE NECESITAMOS
O DE
LA ESCRITURA

«Todo libro debe estar escrito con urgencia, como si uno no pudiera vivir sin él, porque aquellas historias que no se pueden dejar de lado son las únicas que a un escritor le merece la pena perseguir».[46]

LÍDIA JORGE

«La todopoderosa Tierra saqueada por los que estamos solo de paso».[47]

JOSÉ EMILIO PACHECO,
LOS ELEMENTOS DE LA NOCHE

1

Suena paradójico, pero en un mundo que cambia a un ritmo tan vertiginoso, solo una escritura fragmentaria posibilita la visión de conjunto. Solo un espejo roto puede reflejar el espíritu esquizoide de nuestra época, en la que la romantización de la naturaleza se conjuga con el temor al colapso civilizatorio. Estos párrafos sueltos, leídos en distinto orden, producen significados diferentes y generan una multiplicidad de discursos. He aquí una obra calidoscópica, sin género ni tema definido, sin principio ni fin, inagotable de puro inacabada, cuya trama formal celebra la red como *imago mundi*.

2

No tiene nada de extraño que, en un tiempo marcado por la crisis de la atención, se renueve el interés por las formas literarias breves: del aforismo al haiku, pasando por el microrrelato, el proverbio o el dicho sabio. La actual profusión en las redes sociales de eslóganes publicitarios, consignas políticas, lemas psicoespirituales y toda clase de pensamientos comprimidos parece corroborar el auge de la literatura aforística. Se podría incluso afirmar que, cuanto menos se lee, más fascinación ejercen las palabras sobre las personas, hasta el punto de que algunas no dudan en tatuárselas en la piel. Lo mismo podría decirse del pensamiento: cuanto menos se reflexiona, más se sacralizan las ideas.

3

Arte poética. Si prescindimos de los diálogos y de las descripciones, renunciamos a los hechos, nos desprendemos de los personajes y nos liberamos de las

ataduras del argumento, y al texto resultante lo
sometemos a un proceso de depuración y concentración
en el alambique de la escritura, obtenemos un aforismo,
una sentencia o una máxima de alta graduación. Esas
novelas de una sola frase, tratados del tamaño de un
silogismo o epopeyas de la extensión de un haiku,
representan la forma perfecta de lo inacabado,
constituyen la célula madre de un corpus literario.
Sueño con bosques del tamaño de un epigrama, con
jardines que caben en un verso, con palabras que echan
raíces y se hacen árbol en la memoria.

4

La semilla representa el *summum* del *mínimum*. Cada
una encierra un bosque, solo se requiere regarla con
paciente espera. Lo mismo podría decirse de estas
miniaturas literarias, que contienen la simiente de
novelas, poemas, cuentos...

5

Permíteme, apreciado lector, que te diga algo sobre el
libro que tienes en tus manos: es fruto de la fertilización
cruzada entre jardinería, literatura, filosofía, educación y
espiritualidad. Ha crecido en la intersección de esos
campos como un árbol en un cruce de caminos. Bajo su
plácida sombra te invito a repensar muchas de las cosas
que dabas por sabidas y a interrogarte acerca de
otras que ni siquiera te habías planteado.

6

Filosíntesis: Instrucciones de manejo. Esta obra, sin
tema ni género definido, no tiene por qué leerse de

forma lineal. Cada lector puede pasearse por estas páginas siguiendo su propio itinerario, conforme a un *ars combinatoria* de su elección. Como si de un calidoscopio se tratase, la imagen del libro cambiará a cada paso, lo que lo convierte en potencialmente infinito. Al igual que un jardín, este artefacto literario aspira a albergar la totalidad del mundo y a ser una obra abierta, viva, inacabada, en perpetua metamorfosis.

7

Si este libro fuera una planta, sería, según la nomenclatura binomial, una *Poligramma officinalis*. El género *Poligramma* se referiría a la variedad de estilos que contiene; y la especie *officinalis* a su posible uso medicinal. Este último apelativo alude a la oficina o huerto de simples de los monasterios medievales y, por extensión, a las plantas curativas. Efectivamente, en las páginas de este vademécum se prescriben filosofía y naturaleza como fármacos para el espíritu.

8

Los autores deberíamos plantearnos qué sentido tiene, en un mundo superpoblado de palabras y libros, añadir un nuevo título a la interminable avalancha de novedades. Me justifico pensando que mi escritura artesanal, simbiótica y reticular intenta unir los puntos aislados que dibujan el rostro de nuestra época, trazar un puente entre la prosa sapiencial y la poesía visual del jardín, cultivar al mismo tiempo la fábula y las flores del pensamiento, entretejer discursos aparentemente separados y confeccionar un mosaico a partir de fragmentos, esmaltados por la voluntad de estilo y unidos con una argamasa literaria: un *trencadís* de distintos géneros hecho con mano verde.

9

Mi escritura se halla destinada a alumbrar los ángulos
muertos de nuestra visión del mundo, a desvelar los
prejuicios que ignoramos tener, a pulir nuestras lentes
conceptuales para ver donde antes solo mirábamos, y a
corregir nuestra tendencia a proyectar nuestra manera
de pensar sobre los otros.

10

Un lenguaje claro y una sintaxis precisa representan
algo más que una cortesía hacia los lectores o una
voluntad de estilo. Son por encima de cualquier otra
consideración una obligación ética, el equivalente para
un escritor de actuar correctamente.

11

Escribir se parece a cultivar. El escritor, al igual que
el jardinero o el horticultor, siembra, poda, retira
la hojarasca, pone guías… En cierto modo, los
campesinos fueron los primeros escribas y cultivar
la tierra, la primera forma de escritura. Los surcos
de los campos labrados, las hileras de las plantaciones,
las filas de árboles, los setos cortados recuerdan los
renglones de un texto. Tanto los unos como los otros
trazan líneas sobre el paisaje de la hoja en blanco, o
de la tierra desnuda. La propia etimología revela esa
íntima relación entre la escritura y el cultivo. Para los
romanos *pāgina* designaba una extensión de campo
rectangular, plantada con cuatro hileras de vides.

12

Escribir un jardín:
ese es el reto.

Cada párrafo abre una ventana al paisaje cultural,
toma prestadas las vistas externas
para contar una historia de fe, amor y esperanza
sobre el exasperado mundo que nos rodea.
El lector que pasee la mirada por estas páginas
se sumergirá en una ensoñación poética,
entre el lenguaje y la realidad:
llamadla jardín.

13

Entre las bibliotecas y los jardines existe una secreta
afinidad, una íntima y estrecha conexión, tal vez porque
en sus reducidas dimensiones aspiran a albergar el
mundo entero. Contribuye a reforzar ese vínculo el
hecho de que los libros poseen alma de árbol, por no
mencionar que plantas y palabras se alinean en filas y
renglones. Está claro que ambos espacios, en los que
reunimos lo más preciado, son indisociables de la idea
de orden, no solo físico y espacial, también metafísico
e intelectual. Debemos a Marco Tulio Cicerón la
sugerencia de que «si tienes un jardín y una biblioteca,
tienes cuanto necesitas».

A este propósito, vale la pena rememorar la figura
de Hernando Colón, el hijo natural del Almirante de
la Mar Océana, quien, no contento con escribir la
biografía de su admirado progenitor, intentó emular
sus hazañas en otro océano no menos proceloso: el de
los libros. El heredero de tan ilustre apellido fue un
ejemplo de humanista y mecenas de las letras, que
soñó con recopilar todo el saber de su época y ponerlo
al servicio del emperador Carlos V. Durante tres
décadas recorrió las principales ciudades europeas en
busca de libros. Se calcula que, sin reparar en gastos,
adquirió más de 15.000 títulos —de los que se
conservan menos de la mitad—, entre ellos un buen
número de incunables y códices medievales y

renacentistas, además de estampas, folletos, grabados y «obrizillas» de variada intención.

A fin de acoger esa colosal biblioteca, Hernando construyó una residencia palaciega en Sevilla, junto a la Puerta Real, rodeada de un extenso jardín de aclimatación, por emplear una expresión moderna inexistente en su época, en el que atesoró cuantas especies vegetales llegaban del Nuevo Mundo. En interés del conocimiento reunió en ese vergel unos 5.000 ejemplares de árboles, lo que cimentó su fama como erudito botánico además de bibliófilo. Tras su muerte, en 1539, la propiedad fue embargada y subastada. Al cabo de unos pocos años, ya no se acordaba casi nadie del exótico bosque que albergaba. Solo un añoso ombú, proveniente de las Indias, sobrevivió a la rápida decadencia del dominio y se mantuvo en pie hasta finales del siglo XIX, como testigo mudo de su sueño de crear una biblioteca y un jardín universales. Estos representaban el anverso y el reverso de una misma empresa, a la par material y espiritual, merecedora de consagrarle la vida entera. Para alguien que se esforzó en ser un digno hijo de su padre, qué mejor manera de seguir sus pasos y proseguir su incansable búsqueda del paraíso.

Cuando creía dirigirse hacia Asia por el oeste, Cristóbal Colón descubrió el paradero del Edén. Todos los indicios parecían sugerir que ese *paradisus voluptatis* del que hablaban los Padres de la Iglesia existía allende los mares, en alguna parte de la cuenca del Orinoco, a todas luces uno de los cuatro ríos que, según el *Génesis*, bañaban el Jardín de las Delicias. En sus riberas crecían majestuosos árboles que se elevaban hasta tocar el cielo y nunca perdían las hojas. Extrañas flores y frutos jamás vistos antes se simultaneaban allí todo el año. Aves de vivos colores, que andando el tiempo se conocerán como loros, cacatúas y guacamayos, imitaban la lengua de los españoles. Tales maravillas despertaban el asombro de los recién llegados y su incontenible instinto de conquista sobre aquellas tierras de prodigios, nuevas y ancestrales al mismo tiempo.

Había todo un mundo aguardando a ser descubierto, pero los expedicionarios no sabían a ciencia cierta si habían regresado a la Edad de Oro o estaban inaugurando una nueva era, si se encontraban a las puertas del Reino o en los confines de las Indias, si cumplían una profecía milenaria o se habían salido del curso de la historia. El estupor del almirante queda patente en un pasaje del diario de a bordo de su cuarto viaje, que tuvo lugar en 1498: «Grandes indiçios son estos del Paraíso Terrenal, porqu'el sitio es conforme a la opinión d'estos sanctos e sacros theólogos. Y asimismo las señales son muy conformes, que yo jamás leí ni oí que tanta cantidad de agua dulçe fuese así adentro e vezina con la salada; y en ello ayuda asimismo la suavíssima temperançia. Y si de allí del Paraíso no sale, pareçe aún mayor maravilla, porque no creo que se sepa en el mundo de río tan grande y tan fondo». La misma o parecida emoción debía de embargar a Hernando cuando, desde los ventanales de su imponente biblioteca, paseaba la mirada por aquel fragmento de paraíso que se extendía delante de sus ojos.

14

Aun cuando ninguna de las nueve musas clásicas tiene a su cargo el arte del jardín, este es su verdadero hogar, pues no hay otro lugar donde florezca y fructifique con más vigor la inspiración. El verbo «ajardinar» describe el funcionamiento de la imaginación creativa mejor que cualquier otra metáfora.

15

En el poema inacabado de la naturaleza no hay versos sueltos y todo rima. Cuando no respetamos su métrica,

la égloga del jardín planetario se torna elegía por el
paraíso perdido.

16

El gran triunfo del jardinero es intervenir en la
naturaleza sin que se note su sabia mano. La forma más
sofisticada de artificio tal vez consista en la aparente
ausencia del mismo, en disimular y enmascarar la
intervención humana bajo el disfraz de la naturalidad,
tal y como sucede en los parques paisajistas, a la inglesa.
Un elaborado y minucioso simulacro puede provocar
espontáneas y genuinas emociones.

17

En nada se percibe mejor la magia de la literatura que
en su capacidad de desvelar hondas verdades con bellas
mentiras. Es una virtud de los grandes escritores
conseguir que personajes de ficción nos enseñen a vivir.
Todo libro inolvidable emite una radiación de fondo
que perdura mucho tiempo después de haberlo leído
y que trastoca para siempre la visión del lector.

18

Nuestra historia evolutiva nos ha preparado para
sobrevivir, pero no para conocernos a nosotros mismos
y pensar críticamente. Los sapiens siempre nos hemos
contado relatos para dotar de valor y propósito nuestra
transitoria existencia, individual y colectiva. Esas
ficciones culturales, además de proporcionarnos
sentido y consuelo, nos han impulsado a llevar a cabo
proezas y hazañas que no parecían posibles. Aún hoy,
nos mueven los hilos invisibles de esas historias de

superación, búsqueda y redención, y nos guían las voces inaudibles de sus héroes y heroínas. El destino de la humanidad está escrito en esas tramas intemporales, según las cuales solo somos capaces de sacrificarnos por lo que amamos.

19

Los antiguos mitos son las plantillas de las modernas narrativas políticas y sociales. Esos relatos, que han moldeado nuestro destino individual y colectivo y nos han traído hasta aquí, comparten la visión antropocéntrica del ego heroico. Sus historias de muerte simbólica y renacer metafórico, de sacrificio y redención, ya no nos sirven para llegar adonde queremos. La única manera de seguir aferrándonos a la creencia de que podemos cambiar el mundo es forjar una nueva *mitopoética* que dé otro sentido a nuestra presencia en esta Tierra.

20

Hace mil generaciones vivíamos en cuevas; dentro de otras mil quién sabe si habitaremos en otros planetas. Nuestro extraordinario éxito evolutivo se halla detrás del actual calentamiento global, que es la última crisis de supervivencia a la que se enfrenta nuestra especie. Pero la humanidad lleva toda su historia afrontando el crucial dilema de los límites del crecimiento con razonable éxito. Basta recordar que la revolución agraria no fue tanto un salto civilizatorio como una solución de conveniencia a la carencia de recursos cinegéticos, provocada por el hábil empleo de las herramientas de piedra que llevó a nuestros ancestros a ocupar la cúspide de la cadena trófica y convertirse en el depredador social más eficiente del planeta. Desde entonces, hemos superado unas cuantas crisis ecológicas. Pero está todavía por ver si nosotros, primates todopoderosos, seremos capaces de cooperar en la salvación de la casa común del mundo.

21

La ingenua presunción de que somos la especie elegida que habita en la casa del mundo, los hijos de Dios creados a su imagen y semejanza, los singulares animales racionales, la inteligencia superior, pervive de otras muchas maneras en nuestros discursos, en los que nos gusta imaginarnos como los protagonistas de la historia natural, los dioses de la tecnología o los salvadores del planeta. Cualquier exageración antes que resignarnos a abandonar nuestro lugar de privilegio en la biosfera y asumir nuestra condición de primates humanos, de holobiontes en un mundo simbiótico.

22

Los cimientos sobre los que hemos construido nuestra sociedad tecnocapitalista se resquebrajan. Los relatos que moldearon nuestra visión del mundo ya no resultan creíbles y amenazan nuestra continuidad. Si queremos volver a albergar esperanzas, encontrar sentido a nuestras existencias, redescubrir el poder transformador del amor y tener fe en el mañana, no nos queda más remedio que cambiar nuestras prioridades vitales y desprendernos de las creencias irracionales que nos han traído hasta aquí. Debemos sustituir la lógica de la acumulación y el máximo beneficio por la del mínimo impacto medioambiental; el dogma del crecimiento indefinido en un planeta finito, por el decrecimiento voluntario; y el mito de la centralidad humana, por una cosmovisión biocéntrica donde todas las formas de vida se hallan interrelacionadas y son codependientes.

23

Los mitos de la singularidad humana, el crecimiento económico ilimitado y el progreso material desligado del espiritual han configurado nuestra visión del mundo y determinado nuestro comportamiento. Debemos dejar de pensarnos a través de estas ficciones culturales si queremos hacer de la Tierra un lugar más habitable y mejor. Sean cuales sean los argumentos de las historias que nos contemos para guiar nuestros pasos y gestar nuestro futuro, deben promover un marco de referencia común frente a las fragmentaciones identitarias, las maniobras antirrealistas del populismo y los discursos del odio. La experiencia nos ha enseñado que, sin un relato compartido y vinculante, la búsqueda de soluciones a los retos existenciales que nos afligen está condenada al fracaso.

24

Solo si las abrumadoras pruebas de la catástrofe climática en marcha vienen acompañadas de un relato convincente y persuasivo, los escépticos ciudadanos del siglo XXI suspenderán la incredulidad en el ideario verde y darán el salto de fe que supone ver la Tierra como un organismo vivo y no como una cosa inerte, un hogar en vez de una fuente de recursos y una *matria* en lugar del escenario de un drama geopolítico.

25

Por muy contundentes que sean las evidencias del cambio climático antropogénico, el activismo ecosocial

jamás logrará sus metas si no toca la fibra moral de los
ciudadanos y no consigue conmoverles con una épica
persuasiva que movilice las luminosas fuerzas del Eros
y del altruismo. Esos mitos de una nueva era de
ilustración ecológica deben sembrar en el inconsciente
colectivo las semillas de una cosmovisión biocéntrica,
que celebre una relación con el planeta no basada en la
rapiña, el extractivismo y el consumismo desenfrenado,
sino en el cuidado, el respeto y el conocimiento.
Asimismo, deben dotar de valor y sentido a los
sacrificios inevitables y las renuncias necesarias para
afrontar la ardua transición de una civilización de los
hidrocarburos hacia otra de la inteligencia ecológica.

26

No son las buenas razones ni los malos datos los que
nos mueven a actuar, sino las emociones. De ahí la
importancia de las disciplinas artísticas, las únicas
capaces de realizar la *fotosintaxis* necesaria y convertir
imágenes, palabras y símbolos en emociones
convocantes, en hechos significativos a la hora de
remediar la catástrofe climática en curso.

27

Perplejos de que las abrumadoras evidencias y los
convincentes argumentos del cambio climático
antropogénico no representen una razón suficiente
para remover nuestras conciencias y modificar nuestro
comportamiento, algunos ecólogos, activistas y
pensadores se empeñan en seguir añadiendo más
pruebas irrefutables y razones de peso, a la espera de que
se produzca en sus conciudadanos una súbita conversión
ecológica, una revelación espiritual y un decisivo salto
de fe. No entienden que no son las arengas ni las

explicaciones, ni siquiera las contundentes evidencias de la degradación de la biosfera, las que hacen cambiar las mentalidades, sino las historias que conmueven.

28

Cada vez resulta más difícil imaginar el futuro sin visualizar escenarios de pesadilla. La distopía ha colonizado nuestro imaginario colectivo y ha secuestrado la esperanza. Ahora que los tecnólogos y los científicos alientan las fantasías más desbocadas, cuando no delirantes —véanse los proyectos de geoingeniería, IA o manipulación genética—, la labor del escritor tal vez consista en volver la mirada hacia la naturaleza en busca de un principio de realidad, imaginar el mundo en que nos gustaría vivir y alentar la fe en el mañana.

29

Uno de los prejuicios más arraigados en la república de las letras es que no se puede hacer buena literatura con buenos sentimientos. Se equivocan quienes piensan así. La bondad, la justicia y el altruismo tienen sus dantes, cervantes y homeros. Eso no significa que unas intenciones loables basten para escribir una prosa de calidad.

30

He aquí la cuestión clave que tarde o temprano se le plantea a todo escritor: cómo decirle al lector lo que no quiere escuchar sin que este ceda a la tentación de cerrar el libro. El talento de un autor se mide por su capacidad de incomodar intrigando, de espolear a la

vez la curiosidad y el orgullo del destinatario de sus
páginas. Puede darse por satisfecho si estas se pegan a
sus manos como el barro a las de los jardineros.

31

Somos *narratófagos*. Saciamos con historias nuestro voraz
apetito de sentido. Los relatos que nos contamos
determinan nuestra manera de pensar y actuar. Su calidad
literaria condiciona asimismo nuestra calidad humana.

32

La belleza ya no resulta fiable. La aparente hermosura
de muchas de las cosas que nos rodean encubre la
fealdad de sus condiciones de producción. Situaciones
vergonzosas de explotación e injusticia se ocultan a
menudo bajo las expresiones del refinamiento cultural.
Somos los lejanos beneficiarios de trabajos mal pagados
y alienantes. El emblema de nuestra época es una
belleza espuria, que traiciona a menudo el ideal que
afirma. La estética humana debe respetar los principios
ecológicos y éticos si queremos que la belleza siga
siendo un recordatorio de la buena vida y un consuelo
para nuestro espíritu afligido.

33

En un contexto en que la subversión se ha tornado
vendible, en que la provocación y la irreverencia resultan
lucrativas y la banalidad creativa se celebra a sí misma, la
originalidad hay que buscarla fuera de los focos, lejos
del hedor del dinero que todo lo ensucia y de quienes se
llaman artistas pero solo buscan febrilmente la fama.

34

Me subleva que el arte acabe devorado por la industria del entretenimiento, la filosofía quede reducida a un mero juego de palabras y el espíritu de la ciencia claudique ante el pragmatismo tecnológico, justo ahora que precisamos de la inspiración artística, filosófica y científica para encontrar una manera efectiva y afectiva de cooperar con la naturaleza en la búsqueda de otros futuros posibles.

35

Todo regresa, sin repetirse ni haberse ido jamás. Asistimos al resurgimiento del género pastoril bajo la forma de *liternatura* o *nature writing*. Esa tradición literaria, que se remonta a Teócrito, Virgilio y Bocaccio, y que alcanzó su momento de esplendor durante el Renacimiento a partir de la publicación de la novela en verso *Arcadia* (1504), de Jacopo Sannazaro, resucita en nuestros días alentada por el bucolismo urbano. Los viejos tópicos de la vida retirada y sencilla en el campo (*beatus ille*), del *locus amoenus* o la utopía poética de un paisaje que sirve de solaz a los sentidos y de regocijo al espíritu, así como todas las formas del idilio con lo silvestre, adquieren nuevas apariencias en estas obras, que celebran las maravillas de la naturaleza y su poder vivificador. La idealización estetizante del mundo natural no es algo nuevo, pero en nuestra época, marcada por la emergencia ecosocial, tiene un vago aire elegiaco.

36

Después de apelar infructuosamente al instinto de conservación, de conversación e incluso de conversión para frenar la degradación medioambiental y la entropía climática, solo nos resta narrar el cambio que necesitamos. La *liternatura* pone en entredicho los sacrosantos principios de la sociedad industrial, el crecimiento indefinido, la centralidad y la superioridad del animal humano y el mito del progreso, mientras contribuye a extender la idea de que una civilización es tanto más avanzada cuanto menos degrada la biosfera.

37

Cada periodo histórico ha contado con un género especialmente representativo. La literatura pastoril lo fue del Renacimiento; el teatro, del Barroco; la poesía lírica, del Romanticismo; la ficción gótica, de la segunda mitad del Siglo de las Luces; la novela realista, de la Revolución industrial. La *liternatura* o, como se la conoce en el mundo anglosajón, *nature writing*, triunfa en nuestra época marcada por la celeridad tecnológica y la entropía climática. Su auge guarda una estrecha relación con la catástrofe medioambiental en curso y la amenaza existencial que supone el calentamiento global. Al igual que la crisis ecológica, la *liternatura* tiene sus orígenes en la emergencia de la sociedad industrial. Desde mediados del siglo XIX, ven la luz una serie de libros precursores de esta nueva sensibilidad hacia la naturaleza, que ya no se percibe como amenazante o divina, sino como catártica, y una fuente de placer y sentido. Los textos fundacionales de este tipo de escritura, que responde a la llamada de lo salvaje, son *Naturaleza* (1849) de Ralph Waldo Emerson, *Diario rural* (1850) de Susan Fenimore Cooper, *Walden o la vida en los bosques* (1854) de Henry David Thoreau y los escritos de John Muir. Detrás de todas esas obras de muy distinta índole y ambición late un mismo anhelo de reencuentro con la propia naturaleza a través de la naturaleza. Ese afán no ha cesado de crecer con el paso de los años y todo invita a pensar que irá a más.

38

Es tarea de la *liternatura* alinear los ideales estéticos con los principios ecológicos, pues únicamente experimentamos la emoción de la belleza cuando vemos reflejadas nuestras ideas de una buena vida. La misión de un escritor es mostrar cómo podría ser el mundo, al tiempo que desbroza con sus creaciones el sendero hacia un porvenir deseable y alimenta ese anhelo en sus lectores. A la hora de pasar a la acción climática, no basta con convencer, hay que persuadir. Los datos no son suficientes. Se necesita también despertar emociones convocantes, y eso exige aunar el compromiso social con la imaginación creativa y con su capacidad de conmover, es decir, de movilizar. Además, conviene no olvidar que, cuando la literatura pretende aleccionar, fracasa, sin importar lo buenas que sean sus intenciones. La literatura que merece ese nombre huye del didactismo como de la peste y, lejos de adoctrinar, procura sembrar la duda y confrontar al lector con lo que creía saber.

39

La lectura reúne dos placeres: dialogar con uno mismo y encontrar un interlocutor.

40

Cuanto mayor sea la huella ecológica y el contenido de carbono en la atmósfera, cuanto más superpoblado esté el planeta y mayor sea la concentración urbana,

más grande será el anhelo de retornar a la tierra y
mayor también la veneración por la naturaleza. La
verdolatría no ha hecho más que empezar. El Siglo
de Oro de la *liternatura* está por venir. La profusión de
obras *bioinspiradas*, de ficción o no, habla de nuestra
cada vez más imperiosa necesidad de religación con
todo lo viviente. La atávica mitología del poder
regenerador y vivificante de la naturaleza resuena con
especial fuerza en las mentes de los urbanícolas del
siglo XXI, ávidos tanto de conexión como de
reconexión. Nuestra sociedad postindustrial y
tecnolátrica no solo padece un déficit de naturaleza,
sino también de significado. La *liternatura* viene a
satisfacer la imperiosa necesidad de recobrar el sentido
de pertenencia a la Tierra, que, como se ha dicho
muchas veces, está enferma de humanidad.

41

En cierta ocasión el carismático defensor de la
Amazonía Chico Mendes, asesinado vilmente en 1988,
dijo: «La ecología sin lucha social es solo jardinería».
Aunque seguramente no era esa su pretensión, el gran
activista medioambiental consiguió reunir en esa
contundente declaración las tres claves necesarias para
transitar hacia un mañana ilusionante. A saber, la firme
voluntad de justicia social, la visión biocéntrica de la
ecología y la utopía estética de la jardinería.

42

El descubrimiento de una rara variedad de un árbol
conocido como sucuba (*Himatanthus sucuuba*), en lo
más impenetrable de la impenetrable selva peruana,
destapó una historia olvidada. Hasta ahora, el único
ejemplar documentado de esa especie dioica, como se

conoce en la ciencia botánica a aquellas que necesitan dos progenitores de distinto género para reproducirse, crecía en el jardín de aclimatación de La Orotava en Puerto de la Cruz (Tenerife). En el catálogo de esta institución se le atribuyen más de dos siglos de edad, pues aparece en algunos grabados en cobre, datados respectivamente en 1785, 1788 y 1795, cuando todavía no era el gigantesco árbol en que llegaría a convertirse. A su lado aparece un indígena en taparrabos, tocado con un penacho de plumas y descalzo. Ese intrigante personaje figura asimismo en los dibujos a tinta y las témperas sobre papel que se conservan en el Real Gabinete de Historia Natural (Madrid). En ese tipo de láminas se suelen reproducir, conforme a una estricta gramática visual, especímenes vegetales y sus elementos más representativos: tallo, hojas, flores, raíces, frutos y semillas, pero en ningún caso personas. Solo por eso merecería preguntarse quién era aquel hombrecillo de aspecto silvestre.

Nadie sabe a ciencia cierta cómo fueron a parar ambos a la isla de Tenerife, pero no parece descabellado suponer que formaban parte del cargamento de la Real Expedición Botánica a Chile y Perú de 1777-1778. Una crónica escrita por un dominico arroja algo de luz sobre aquella extraña pareja. Seguramente al escriba tonsurado le movía más el afán evangelizador y el fervor misionero que la curiosidad intelectual, ya que comienza su escrito relatando cómo bautizó a aquel salvaje súbdito de Carlos IV, venido de lejanas tierras hacía más de una década, con el nombre de Fiacre, en honor del santo patrón de los jardineros. Según se puede leer en aquellos pliegos, a los herbolarios, como se denominaba a los recolectores de plantas en las expediciones, no les quedó más remedio que embarcar al indígena que custodiaba a aquel arbolito de poco más de un metro de altura. Si bien no entendieron su empecinamiento en no separarse de él, muy pronto se sintieron agradecidos de que formase parte de la tripulación, pues demostró un talento especial para cuidar de las plantas a bordo. Muchos de los ejemplares botánicos no hubieran sobrevivido a una travesía tan larga y adversa sin sus continuas atenciones.

Se advierte entre líneas que el dominico no acaba de creerse lo que le cuenta su interlocutor en un parvo castellano. El pueblo de Fiacre venera a ese árbol, con el que se considera emparentado, y lo honra como a un dios. Tales creencias le resultan tan absurdas al fraile que ni siquiera se le pasa por la cabeza que puedan considerarse heréticas. Más bien, le parecen un claro indicio de la inferioridad de los pueblos de las Indias Occidentales. A pesar de que el biógrafo desprecia cuanto no comprende, o tal vez a causa de eso mismo, glosa las virtudes de Fiacre como jardinero. Gracias a su buena mano con las plantas, este se gana el aprecio del regidor del jardín de aclimatación, quien lo autoriza a levantar una choza muy cerca del árbol de sus amores. Al cronista le causa también muy buena impresión que el indígena muestre un vivo interés al enterarse de que el símbolo de la religión verdadera es una cruz de madera, y alaba que se tome la molestia de fabricarse una con un trozo de corteza, que lleva siempre al cuello. Es más, compara su devoción con la de los *dendritas*: los eremitas cristianos que vivían en un tronco hueco o bajo las ramas de un árbol. Para despejar cualquier duda que pudiera quedar sobre su bondad natural, refiere cómo se granjeó el respeto y la admiración de los habitantes de Tenerife cuando, durante una epidemia de cólera, elaboró un preparado con las bayas del árbol que salvó a muchos isleños de una muerte segura, lo que le valió el apodo del Curandero.

Pese al reconocimiento del que gozaba, de tanto en tanto hacía presa en Fiacre la añoranza de las lejanas tierras que lo vieran nacer y, con el corazón encogido por la pena, se acurrucaba al pie del árbol y bisbiseaba durante horas y horas una letanía incomprensible. No sin cierta burla, su biógrafo le preguntó en más de una ocasión de qué hablaba con su *pariente*. El dominico lo creía a medias cuando el indígena le respondía que se consolaban mutuamente de su soledad. Solo comprendió hasta qué punto se hallaba unido a ese árbol el día en que, durante una tempestad, este fue fulminado por un rayo y Fiacre, que siempre había gozado de buena salud, se puso súbitamente enfermo. El dominico fue a visitarlo, pero no podía imaginar que aquella sería la última vez que lo vería con vida. Pocas horas después, exhaló su postrer aliento sin recibir los santos óleos. Sus restos mortales fueron enterrados junto al tronco carbonizado, que, a los pocos meses, rebrotó y siguió creciendo en el jardín de La Orotava, donde puede verse hasta el día de hoy.

43

El egoísmo destructivo, el populismo tóxico, el etnocentrismo excluyente y las religiones integristas buscan aislarnos y separarnos del resto de la humanidad, pero todos estamos hermanados por nuestra condición de huéspedes de la Tierra, y somos mestizos y peregrinos, miembros de la gran familia humana que mora en la casa común del mundo. Nos hace mejores aceptar que no somos *mejores* ni únicos.

AGRADECIMIENTOS

Este libro, a medio camino entre un manual de autodefensa filosófica y un tratado de *jardinética*, no sería el mismo sin las aportaciones, sugerencias y comentarios de Fermín Beruete, Virginia Yoldi, Daniel Goldin y Carina Pons.

NOTAS

NO HAY CULTURA SIN NATURA O DE LA *JARDINOSOFÍA*

[1] Hildegarda de Bingen, *El libro de las obras divinas*, trad. de María Eugenia Góngora, María Isabel Flisfisch y María José Ortúzar, Herder, Barcelona, 2009, p. 30.
[2] Gottfried W. Leibniz, *Discurso de metafísica*, trad. de Julián Marías Aguilera, Alianza, Madrid, 2017, § 60.
[3] Lynn Margulis, *The Simbiotic Planet, A New Look at Evolution*, Phoenix, Londres, 1999, p. 2. [Hay trad. cast.: *Planeta simbiótico. Un nuevo punto de vista sobre la evolución*, trad. de Victoria Laporta, Debate, Madrid, 2002, p. 10].
[4] Hernán Cortés, «Tercera Carta», en *Cartas de relación*, edición, introducción y notas de Ángel Delgado Gómez, Clásicos/Castalia, Madrid, 2016.
[5] *Fragmentos presocráticos. De Tales a Demócrito*, introducción, traducción y notas de Alberto Bernarbé Pajares, Alianza Editorial, El Libro de Bolsillo (Clásicos de Grecia y Roma), Madrid, 1988, p. 130. En la ordenación canónica de Diels-Kranz, al aforismo de Heráclito de Éfeso: «la verdadera naturaleza gusta de ocultarse», también traducido como «la naturaleza ama el ocultarse», le corresponde la signatura DK B 123.
[6] Arthur Eddington, «Tras el velo de la física», en *Cuestiones cuánticas. Escritos místicos de los físicos más famosos del mundo*, ed. de Ken Wilber, trad. de Pedro de Casso García, editorial Kairós, Barcelona, 1987, p. 250.

HUMANOS Y PLANTAS CRECEN BUSCANDO LA LUZ
O DE LA INTELIGENCIA VEGETAL

[7] Paco Calvo con Natalie Lawrence, «9 Robots verdes, Actores vegetales», en *Planta sapiens*, trad. de Paco Calvo, Seix Barral, Barcelona, 2023, p. 276.

[8] Alia Trabucco, *Limpia*, Lumen, Barcelona, 2023, p. 9.
[9] Esta obra y su autor son inventados. A lo largo de estas páginas aparecen libros imaginarios de diversas tradiciones culturales y épocas emparentados por una escritura *filosintética*. Esa impostura bibliográfica está al servicio de una narrativa de ideas. Sobra decir que la esencia de la intriga literaria y filosófica ha sido siempre la búsqueda de la verdad.

SOBRE LO ESPIRITUAL EN EL ARTE DEL JARDÍN O DE LA NATURALEZA SAGRADA

[10] Karol Čapek, «Sobre el arte de los jardines», en *El año del jardinero* (1929), trad. de Esteve Serra, José J. de Olañeta, ed., Palma de Mallorca, 2009, p. 35.
[11] Baruch de Spinoza, *Ética*, ed. de Vidal Peña, Editora Nacional, Madrid, 1980, p. 391. La frase de Spinoza a la que alude el texto se encuentra en la parte quinta, «Del Poder del entendimiento o de la libertad humana», en concreto en la proposición XLII: «La felicidad no es un premio que se otorga a la virtud, sino que es la virtud misma».
[12] León Tolstói, *El camino de la vida*, trad. de José Antonio Álvaro Garrido, Edaf (Nueva Biblioteca), Madrid, México, Buenos Aires, Santiago, 2024, p. 43.
[13] Bertrand Russell, *The Conquest of Happiness* (1930). [Hay trad. cast.: «Las causas de la felicidad, XI Entusiasmo», en *La conquista de la felicidad*, trad. de Julio Huici Miranda, Madrid, Espasa Calpe, colección Austral n.º 23, 1964, p. 106].

ESCUCHARNOS PARA SER O DE LOS DONES DEL SILENCIO

[14] San Juan de la Cruz, «El monte de perfección», en *Vida y obras completas*, Biblioteca de Autores Cristianos, Madrid, 1973, p. 435.
[15] Wislawa Szymborska, *Antología poética*, trad. de Elzbieta Bortklewicz, Visor de Poesía, Madrid, 2015, p. 231.

[16] Simone Weil, *La gravedad y la gracia*, trad. de Íñigo Sánchez-Paños y Elena M. Cano, Alianza, Madrid, 2024, p. 126.

[17] Baltasar Gracián, *Oráculo manual y arte de prudencia*, ed. de Emilio Blanco, Cátedra, Madrid, 1995, p. 189 (aforismo 159). Esta cita es una paráfrasis del versículo 1:18 del *Eclesiastés*, Biblia de las Américas, que reza: «Porque en la mucha sabiduría hay mucha angustia, y quien aumenta el conocimiento, aumenta el dolor».

[18] Estos haikus no han salido de la imaginación creativa del monje nómada Santôka, sino de la del autor del libro que sostienes entre las manos. Estas composiciones poéticas son ficticias pero verosímiles, e intentan apresar la tan imperecedera como fugitiva belleza de la naturaleza.

ECHAR RAÍCES EN OTRA PERSONA O DEL AMOR

[19] Ninon de Lenclos, *Lettres de Ninon de Lenclos (1620–1705), précédées de Mémoires sur sa vie par A. Bret*, Librairie Garnier frères, París, 1920, p. 215. En la carta XXVIII dirigida al marqués de Sévigné se puede leer: «Une liaison de cœur est la pièce du monde où les actes sont les plus courts, et les entr'actes les plus longs; de quoi voulez-vous, dites-moi, remplir les intermèdes, si ce n'est par les talents?». [Hay trad. cast.: *Cartas de Ninon de Lenclós al Marqués de Sévigné, aumentadas con la vida de aquella y adornadas en su retrato*, tomo 1, trad. de J. R. Losañez, Imprenta de D. Antonio Yenes, Madrid, 1844, pp. 45-46. Véase: Biblioteca Virtual Miguel de Cervantes, 2014].

[20] Baltasar Gracián, *El Criticón*, edición crítica y comentada por M. Romera-Navarro, University of Pennsylvania Press, Philadelphia, 1938, p. 288. Véase Biblioteca Virtual Miguel de Cervantes.

[21] Jacques Lacan, «Clase 12, 17 de marzo de 1965», en *Seminario 12 Problemas cruciales para el psicoanálisis*, <http://staferla.free.fr/>. Véase también: <http://www.ecole-lacanienne.net>.

22 Los jardines han sido a lo largo de los siglos unos de los lugares preferidos por Eros para tender sus emboscadas a los mortales. Se podría escribir un grueso tratado sobre el tema, pero me he limitado a contar una breve historia.

EL HUMUS EN QUE NOS CONVERTIREMOS
O DE LA MUERTE

23 Carl Gustav Jung, *Recuerdos, sueños, pensamientos*, ed. de Aniela Jaffé y trad. de María Rosa Borrás, Seix Barral, Barcelona, 1964, p. 17. Véase también: *Escritos sobre espiritualidad y transcendencia*, ed. de Brigitte Dorst, Trotta, Madrid, 2016.

24 En esta afirmación resuenan los ecos de la *Epístola a Meneceo* de Epicuro, las *Cartas a Lucilio* de Séneca y las reflexiones de Michel de Montaigne. Véanse: Epicuro, «Epístola a Meneceo», en *Obras completas*, ed. de José Vara, Cátedra (Letras Universales), Madrid, 2005. Séneca, «Epístola 24», en *Cartas a Lucilio*, ed. de Francisco Socas, Cátedra (Letras Universales), Madrid, 2018. Michel de Montaigne, «Que filosofar es aprender a morir», Libro I, capítulo XIX, en *Los Ensayos (según la edición de 1595 de Marie de Gurnay)*, trad. de Jordi Bayod Brau, El Acantilado, Barcelona, 2021, pp. 182-233.

25 Michel de Nostradamus, *Exquises receptes, Excellent & moult utile Opuscule à touts necessaire, qui desirent avoir cognoissance de plusieurs exquises Receptes*, Antoine Volant, Lyon, 1955. [Hay trad. cast.: *Las recetas mágicas de Nostradamus y de otros contemporáneos suyos: salud, dietas, longevidad, amor, belleza*, ed. de Renzo Baschera y trad. de Alicia Santiago, Teorema, Barcelona, 1982].

EL JARDÍN COMO TERAPIA FILOSÓFICA
O DE LA CURA DE ALMAS

26 Alice Miller, «La ilusión del amor», en *El drama del niño dotado y la búsqueda del verdadero yo*, trad. de Juan José del Solar, Tusquets, Barcelona, 2020, p. 69.

[27] No te esfuerces en buscar referencias de esta obra o su autor. Se trata una vez más de un juego literario, destinado a recordarnos que la jardinería espiritual cuenta con una larga tradición.

[28] Esta historia especula narrativamente con la posibilidad de que la inteligencia vegetal acuda a nuestro rescate y nos ayude a solventar la crisis socioecológica de proporciones épicas a la que nos enfrentamos.

[29] «Nada en demasía» es uno de los preceptos délficos, atribuidos a los siete sabios de Grecia, que figuraba en el frontón del templo de Apolo, sito en las laderas del monte Parnaso. «Mantén la medida en todo» forma parte de las instrucciones de la Regla de San Benito de Nursia (siglo VI), destinada a los monjes que vivían comunalmente bajo la autoridad de un abad. Aristóteles, por su parte, recomienda en su célebre *Ética a Nicómaco* (siglo VI a. C.) «seguir el camino de en medio entre dos extremos viciosos». Estos tres principios de conducta invitan a la moderación, la templanza, la prudencia, la entereza y el equilibrio: *sophrosyne* o *mesotes*, en griego, *aurea mediocritas* o *fortitudo*, en latín. Desde esta perspectiva, la persona sabia es la persona virtuosa y esta, la que actúa sin dejarse arrastrar por las pasiones del alma.

[30] Friedrich Nietzsche, *La gaya ciencia*, libro IV, en *Obras completas* (vol. III), edición dirigida por Diego Sánchez Meca, traducción, introducciones y notas por Jaime Aspiunza *et al.*, Tecnos, Madrid, 2014, § 276. Véase también: Friedrich Nietzsche, *Ecce Homo*, en *Obras completas* (vol. IV), edición dirigida por Diego Sánchez Meca, traducción, introducciones y notas por Jaime Aspiunza *et al.*, Madrid, Tecnos, 2016, §10.

[31] Epicteto, «108 El secreto de la serenidad», en *Manual de vida, Pasajes escogidos*, ed. de Paloma Ortiz García, Ariel Quintaesencia, Barcelona, 2014, p. 164. Véase también: *Disertaciones con Arriano*, Biblioteca Clásica Gredos 185, traducción, introducción y notas Paloma Ortiz García, Madrid, 2015, IV, p. 8.

EL OFICIO DE CULTIVAR PERSONAS O DE LA EDUCACIÓN

[32] George Steiner, *Lecciones de los maestros*, trad. de María Condor, Siruela, Madrid, 2016, p. 26.

[33] Numerosos estudios demuestran que la exposición a pantallas y el uso indiscriminado de dispositivos digitales provoca dificultades de atención sostenida en la niñez y la adolescencia. De resultas, disminuye el cociente intelectual y el nivel de lectoescritura de las nuevas generaciones, lo que lastra su capacidad de aprendizaje. Así lo pone de manifiesto el «Informe del Comité de personas expertas para el desarrollo de un entorno digital seguro para la juventud y la infancia (2022)», encargado por el Ministerio de Juventud e Infancia.

Este documento concluye que «el uso excesivo de medios digitales afecta al funcionamiento cerebral y al desarrollo cognitivo de los menores, incluyendo el deterioro de la atención y el procesamiento de la memoria». Avala esta idea el estudio realizado por el Centro de Investigación Económica Ragnar Frisch (Revista de Ciencias de los Estados Unidos), según el cual el cociente intelectual de las nuevas generaciones está disminuyendo desde el cambio de milenio en una media entre 2,5 y 4,3 puntos cada diez años. Por lo que se refiere a nuestro país, el nivel de lectoescritura de los menores, en descenso desde el año 2016, se ha visto afectado por el uso intensivo que realizan de los dispositivos electrónicos. En España ha supuesto una bajada de 7 puntos, los mismos que estamos por debajo de la media de la UE. El último informe PISA incide asimismo en el descenso de la comprensión lectora de los alumnos, 3 puntos en España y 11 puntos en el ámbito de la OCDE, respecto de la edición de 2018, y de 8 puntos en matemáticas. Por último, la Unesco, en su informe «Global Education Monitoring (GEM) 2023» sobre tecnología en la educación, señala que el tiempo que NNA (niños, niñas y adolescentes) pasan frente a la pantalla ha aumentado, tanto con fines educativos como por ocio. Esto puede afectar negativamente al autocontrol y a la estabilidad emocional, y aumentar la ansiedad y la depresión.

34 Ralph Waldo Emerson, «Fortune of the Republic», en *Works of Ralph Waldo Emerson*, The «Edina» Edition, Edimburgo, 1906, pp. 959-971. [Hay trad. cast.: *Fortuna de la república*, trad. de Javier Alcoriza, en *Res publica, Revista de historia de las ideas políticas*, 5, Madrid, 2000, p. 206].

SOMOS NATURALEZA QUE SE ASOMBRA DE SU EXISTENCIA O DEL LIBREPENSAMIENTO

35 Leonard Mlodinow, *Subliminal. Cómo tu inconsciente gobierna tu comportamiento*, trad. de Joan Lluís Riera, Crítica Drakontos, Barcelona, 2024, p. 248.
36 Madame de Sablé, *Maximes de la marquise de Sablé* (1678), Librairie des Bibliophiles, París, 1870, LXVII. Existe una edición reciente: Madeleine de Souvré, marquise de Sablé, *Maximes de Madame la marquise de Sablé et pensées diverses*, Hachette livre BnF, París, 2016.
37 Friedrich W. Nietzsche, *El nacimiento de la tragedia*, trad. de Andrés Sánchez Pascual, Alianza, Madrid, 2012, p. 54.
38 David Foster Wallace, *Infinite Jest*, Back Bay Books/Little Brown and Co, Nueva York, 2006, p. 389. [Hay trad. cast.: *La broma infinita*, trad. de Marcelo Covián Fasce, Mondadori, Barcelona, 2002].

CUANDO EL JARDÍN SE POLITIZA, LA POLÍTICA DEBIERA AJARDINARSE O DE LA CRISIS ECOSOCIAL

39 Primo Levi, *Los hundidos y los salvados*, trad. de Pilar Gómez Bedate, Muchnik, Barcelona, 1989, p. 18.
40 Edward O. Wilson, en *Harvard Magazine*, 9 de octubre del año 2009. Su respuesta completa fue: «The real problem of humanity is the following: we have paleolithic emotions; medieval institutions; and god-like technology. And it is terrifically dangerous, and it is now approaching a point of crisis overall. Until we answer those huge questions of philosophy that the philosophers abandoned a couple of generations

ago—Where do we come from? Who are we? Where are we going?—rationally, we're on very thin ground».

[41] Según muchas voces autorizadas hemos entrado en la era del posthumanismo y el transhumanismo. Es cuestión de tiempo que converjan las llamadas tecnologías NBIC (nanotecnología, biotecnología y tecnologías de la información y la comunicación). Ese acontecimiento, bautizado como «singularidad», supondrá el final de la especie humana como la hemos conocido y el comienzo de un nuevo capítulo en su historia evolutiva. La pretensión de perfeccionar artificialmente a los sapiens para hacerlos más longevos, más inteligentes, más felices… sin «mejorar» su programación mental no nos convertirá en superhumanos sino en monstruos prometedores. El auténtico «mejoramiento humano» tiene menos que ver con hibridar biología y tecnología que con aprender a vivir filosóficamente y a asumir nuestro lugar en la biosfera. La humanidad no alcanzará la mayoría de edad aferrándose al tecnooptimismo, sino reconociendo la existencia de otras inteligencias y aprendiendo a cooperar con ellas. He aquí un intento de reformular narrativamente estas ideas.

[42] En 2018 la empresa alemana Bayer adquirió la norteamericana Monsanto, especializada en la producción de pesticidas, fertilizantes y semillas modificadas genéticamente, por 53.373 millones de euros (66.000 millones de dólares), convirtiéndose en la mayor compañía del sector agroquímico del planeta. A este particular, véase el siguiente informe: <https://www.etcgroup.org/food-barons-2022-agrochemicals -seeds>. Esa fusión supuso la desaparición de la marca corporativa Monsanto, sobre la que pesaban denuncias por infligir graves daños al medioambiente y a la salud de las personas. Aunque el nombre de esa multinacional de pésima reputación haya pasado a la historia, el nuevo gigante agroindustrial sigue fabricando y comercializando semillas transgénicas y plaguicidas como el Roundup, cuyo principal ingrediente es el glifosato. Los grupos ecologistas llevan mucho tiempo alertando del peligro de que un reducido número de firmas controle la producción mundial de alimentos.

43 Rebecca Solnit, *Las rosas de Orwell*, trad. de Antonia Martín, Lumen, Barcelona, 2022, p. 15.
44 Ernst Bloch, *El principio de esperanza [1], [2], [3]*, ed. de Francisco Serra y trad. de Felipe González Vicén, editorial Trotta, Madrid, 2013
45 Jorge Luis Borges, «La esfera de Pascal», en *Otras inquisiciones*, Alianza, Madrid, 1976, p. 13.

NARRAR EL CAMBIO QUE NECESITAMOS
O DE LA ESCRITURA

46 Lídia Jorge, entrevista realizada por Virginia Vadillo para la agencia EFE (22 de julio de 2019) con motivo del encuentro literario La Mar de Letras en Cartagena (Murcia), que se publicó en varios diarios.
47 José Emilio Pacheco, *Los elementos de la noche (1958-1962)*, Tusquets, Barcelona, 2024. La primera edición de este libro fue publicada en 1963 por la Universidad Autónoma de México.

SANTIAGO BERUETE

Es licenciado en Antropología y en Filosofía. Se doctoró en esta última disciplina con una tesis titulada «Los jardines de la utopía: ética, estética y política». Desde hace tres décadas reside en la isla de Ibiza, donde compagina su actividad docente e investigadora con la creación literaria. Ha escrito varios poemarios, colecciones de relatos, novelas y ensayos que han merecido diferentes premios nacionales e internacionales, y ha sido traducido al francés, al italiano, al chino y al árabe Sus libros *Jardinosofía: Una historia filosófica de los jardines*, *Verdolatría: La naturaleza nos enseña a ser humanos* y *Aprendívoros: El cultivo de la curiosidad*, así como la narración de narraciones *Un trozo de tierra*, son fruto de la polinización cruzada entre literatura, jardinería, filosofía y educación. El jardín como metáfora visual de una buena vida y símbolo de una mente cultivada preside este ciclo de obras, al que ahora se incorpora este nuevo título, *Filosíntesis: Espiritualidad y filosofía desde el jardín*.

Papel certificado por el Forest Stewardship Council®

Penguin
Random House
Grupo Editorial

Primera edición: febrero de 2026

Printed in Spain – Impreso en España

ISBN: 978-84-306-2877-3
Depósito legal: B-21.529-2025

Compuesto en MT Color & Diseño, S. L.
Impreso en Gómez Aparicio, S. L.
Casarrubuelos, Madrid

TA 2 8 7 7 3